INDEX

序1：
NFT 的社群魅力

Desmond@ 每日幣研

　　NFT 非同質化代幣最近成為年輕一代茶餘飯後的話題，也將區塊鏈和加密貨幣的概念帶到更多普羅大眾的眼內，特別是一些明星及名人的支持，社交媒體上亦都充滿了 NFT 相關的內容。

　　筆者初初接觸 NFT 的時候，CryptoKitties 還剛誕生，當時也不明白為何一隻電子寵物能以天價交易，對 NFT 更是半信半疑，即使當時已經在加密貨幣市場打滾了一段時間，也是摸不著頭腦，其後親身參與了一些區塊鏈遊戲，也有一些 NFT 的元素，但當時也是 Not a big deal 的感覺。

　　仔細了解過後，我才發現 NFT 技術的潛力是無限大的，也能應用在很多包括電子證書、醫療紀錄、電子門票、收藏品和遊戲道具等不同領域，配合元宇宙概念還能有更大的想像空間。

　　親身進入一些 NFT 的社群後，也開始明白為何這麼多人願意花錢買一個頭像 NFT，那種社群獨有的凝聚力，以及能夠真正影響社群的滿足感，可能是 NFT 社群獨有的，也是 NFT 的魅力所在。筆者個人認為，如果說想要真正明白 NFT 的價值，可能真的要入手一些 NFT 來感受一番，才能有所體會。

如果一般散戶想接觸 NFT 的話，可以先學習一下錢包相關知識，再加入 NFT 社群，購買一些較便宜的 NFT，以了解整個操作，再了解 NFT 市場如何運作。

如果是想成為 NFT 創作者，鑄造一些新 NFT 的話，可以先準備一個新的錢包地址，避免錢包資金被不明智能合約盜用。總之，接觸 NFT 的訣竅就是多看、多試、多學習。

本書希望透過詳細介紹甚麼是 NFT、NFT 的用途、相關實際操作及著名的 NFT，讓讀者全面了解 NFT 市場，幫助他們更容易踏入 NFT 市場和避免墮入 NFT 投資陷阱，緊貼市場上的最近趨勢，捕捉獨有的投資機遇。

序 2：
如果 NFT 不再昂貴，還有價值嗎？

Murray@ 每日幣研

你問我 NFT 是甚麼？我會說，那也許是人性。

我們都有過這種想法：奢望自己擁有的物品是天下無雙的。我們到日本旅遊，經過神社買一個小掛飾，總希望那是全日本所有神社中最獨有的；我們到歐洲旅遊，買一份仿製的藝術品，總希望贗品也會有原作的神髓。

事實卻非如此，我們一生中持有的大部分物件，都是廉價又卑微，輕易可被取代。巴斯光年走進玩具店裡，才發現自己只不過是千萬分之一，是可以隨時被替換、毫無個性的複製品。

如果，有一種技術可以為每件物品都鑄上不可修改、任何人簡單查閱即可認證的編碼，那豈不是任何事物都變成不可取代的嗎？豈不是，我們都能夠辨認其獨特性，從而定義獨有的價值嗎？

NFT 正是為了滿足這份人性的渴望而誕生的技術。

筆者絕非專業投資者，更難與本書的另一作者 Desmond 比肩。只是由 NFT 嶄露頭角，就開始對 Non-Fungible Token ／ NFT ／非質化代幣感興趣，但我有興趣的，並非 NFT 的價錢，亦不太關心投資NFT 是否可財務自由（有那麼簡單就好了），反而希望從社會現象及人文角度去深思。

首先，NFT 的最大特徵確實是獨特性，但獨特也不一定等於有價值，就好像大家錢包中的紙鈔，每一張也有法定編碼，但難道每一張也能炒賣嗎？當然不是。

要令 NFT 具有今天的市場天價，至少有兩項要素，分別是其「內在功能／作品意義」及「市場需求」。

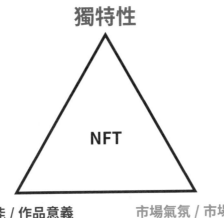

就如日本音樂家坂本龍一的 NFT，將其名作《Merry Christmas Mr. Lawrence》分拆為 595 音符而成（見本書第六章），每個音符獨一無二之餘，也分享了作品本身的深刻意義，再加上坂本龍一本身的國際名氣，幾輪開售也是僅 1 分鐘就沽清，在二級市場叫價已翻百倍。

上述三者並非互相衝突，NFT 作品在最理想的狀況下應該是三者皆有。當我們考究一份 NFT 作品的價值，視乎三種因素的分配，也許能較精確推算 NFT 的真正價值。本書亦會嘗試以此三項因素，分析不同的 NFT 作品。

再次重申，筆者無意鼓吹炒賣 NFT，只是相比加密貨幣，相比強大的中心化技術，為何偏偏是 NFT 成為市場新寵？

筆者在思考這個問題時，想到德國哲學家班雅明（Walter Benjamin）的著名論述《機械複製時代的藝術作品》。書中探討，當人類能夠大量複製藝術品，那到底藝術原作的價值何在？他在文中曾經這麼說：「藝術複製品即使已盡善盡美，依然有所欠缺：原作的『此時此地』，也就是藝術品在所有空間那種獨一無二的存在。」

班雅明是一百多年前的人，那時候連電池也沒有，當然無法想象今天會有區塊鏈。來到 2022 年，我們不需要動用抽象的哲學概念，透過 NFT 編碼，就能紀錄所有藝術品及物品的「此時此地」。NFT 的世界裡，複製品永遠無法取代原作。

我們可先嘗試放下「NFT ＝天價」、「NFT ＝炒賣」及「NFT ＝藝術品」的印象，單從其技術去看，NFT 技術確實解決了網絡資訊擁有權的問題。今天任何設計師繪畫一張插圖，任何攝影師拍攝了一段短片，也不用再擔心盜版引發的版權爭執。

我們必須承認 NFT 為資訊世界帶來前所未見的格局，每個人都可以紀錄對事物的擁有權，任何物品都可以翻查其轉手買賣的系譜，我們擁有更多舉世無雙（至少從編碼上而言）的物品了。那然後呢？ Web 3.0，去中心化遊戲、元宇宙概念，又會令 NFT 的「此時此地」更具有價值嗎？ NFT 對我們的日常生活會帶來甚麼影響？

這次有幸與每日幣研及 Desmond 合作，希望能令更多讀者可以認識 NFT 的背景技術，不論選擇投資 NFT 與否，也希望大家能與筆者一樣，在區塊鏈時代裡繼續思考新技術新事物，獲得更多啟發及意義。

序 3:
靜待 NFT 世代的爆發

Alvin@ 每日幣研

「GM，你的頭像是甚麼 NFT ？最近又買了哪些？」

NFT 對 Z 世代的年輕人來說，已經逐漸變成是日常聚餐閒聊的話題，不管是藝人、歌手、知名動漫 IP 或是遊戲大廠，皆陸續布局 NFT 市場以及自身元宇宙的創建。

NFT 算是讓加密貨幣世界出圈的最成功媒介，本身持有影響力的創作者如歌手、演員、內容生產者，都有可能透過 NFT 實現更多的可能性。

同時，對於 NFT 投資者來說，與平常購買加密貨幣的差異在於，不管是圖片的設計美感，圍繞著 NFT 團隊所打造的 Web3.0 社群，或純粹是網路社經地位的展現，也是在加密貨幣以外的額外可能性；亦因為 NFT 的市場剛開始成長，許多加密貨幣投資者，都能夠在這一個市場中取得非常多小資本高爆擊的收益出現。

筆者參與加密貨幣產業五年有餘，實在沒有想過當時造成以太坊網路堵塞的 CryptoKitties，隨後催生了非常多的生態及產品出現，像是 Flow 區塊鏈的創建，Dapper Labs 所投資的各種團隊及服務等。

　　NFT 的定位也從三至四年前僅有的收藏品、遊戲屬性，衍生出更多像是社群憑證、身份證明等功能，擁有一個自己喜歡的 NFT，不僅賦予我們參與新一代網路社群的門票，未來與其他領域結合的發展性，更是非常值得期待。

　　未來 NFT 仍然未有價值嗎？我想就如比特幣、DeFi 甫出現一般，大眾的疑問仍然沒有減少，但在這個快速發展的世界當中，正正是機會實踐出具有破壞性創新的想法，這本書就是你進入 NFT 世界的敲門磚，往後肯定還有更多的 Hidden Gem 等著大家去挖掘。

序 4：

「唔可以唔識」的 NFT

林一鳴（資深投資者）

相信很多人認識林一鳴，主要都是關於地產投資及金融，但近年我卻花了不少時間去搞創科 Startup，建立博士在線 PhDOnline 及 CourseZ 網上教育平台，最近還開拓元宇宙新業務 PhDMeta，為遵理（1775.HK）編寫全香港第一個元宇宙教育平台 BeaconLand 及興建 NFT Museum，成功在 Oculus App Lab 上架，亦在 OpenSea 銷售一系列由 PhDMeta 推出的 NFT 藝術作品。

可能你會問：好好地做開金融，做乜事無端端搞元宇宙及 NFT ？

因為我相信：可以唔投資元宇宙及 NFT，但絕對「唔可以唔識」。

毫無疑問，元宇宙及 Web3.0 絕對是顛覆網路世界的科技革命，在未來十年將會徹底改變世界，而 NFT 就是 Web3.0 去中心化最重要的一環。在過去的一年，很多與 NFT 有關的拍賣都以天價成交，例如數碼藝術家 Pak 在 2021 年最昂貴的 NFT 作品《Merge》，在 Nifty Gateway 拍賣會上以 9,180 萬美元（約 7.2 億港元）成交，等於一個香港打工仔 3000 年薪金中位數的總和；另一幅由 Beeple 創作的作品《Everydays: The First 5000 Days》，同年在佳士得拍賣會上亦以 6,930 萬美元（約 4.98 億港元）成交！所以無論你是專業投資者，或是一個科技文盲，你可以唔買 NFT，但對 NFT 就一定要有所認識。

　　《NFT 投資攻略》這本書以淺白方式，讓你全面了解 NFT 的真面目，從零開始創建帳號及發行首個自製 NFT、創作 NFT 頭像系列、認識常用 NFT 交易平台、分析 NFT 藝術品及奢侈品等、如何通過 NFT 遊戲賺錢等，幫助你認識 NFT 投資市場的全貌，絕對是一本 NFT 入門的推薦好書。

特集

「2021 NFT 元年大事紀」

　　許多金融及科技界的人士一致認為，2021 是 NFT 的元年。
NFT 並非在 2021 年誕生，但卻在 2021 年發揚光大，由小眾玩
意變成投資界的新寵兒。現在就讓大家了解一下，2021 年究竟
發生了甚麼事情。

一、2021 NFT 大事紀：國際篇

NBA Top Shot

第一套 NBA Top Shot 的 NFT 在 2020 年 10 月推出；在 2021 年 2 月，Dapper Labs 銷售 NBA Top Shot 的 NFT 創造了 2.26 億美元的交易額，超過了 2020 年整年 NFT 市場的總交易，正式引爆狂熱。時至 2022 年 2 月，NBA Top Shot NFT 交易量已突破 1,600 萬宗，交易總額超過 9 億美元。其中一套由 LeBron James 在 2020 年 NBA 總決賽的一記灌籃 NBA Top Shot，成交額竟高達 25 萬美元，而 NBA Top Shot 亦位列 NFT 收藏品系列交易額第五名。

Beeple

在 2021 年之前，大部分人都不會認識美國藝術家 Beeple。2021 年 3 月，佳士得拍賣會把 Beeple 耗時 5,000 多日的拼貼作品《First 5000 Days》以 6,900 萬美元出售，創造了在世藝術家單項拍賣最高售價的第三名。

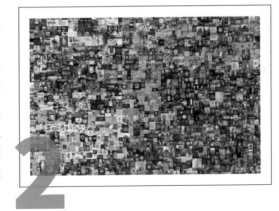

NFT 投資攻略

世界第一條 Twitter

2021 年 3 月，Twitter CEO Jack Dorsey 把 2006 年發的首條推文 "just setting up my twttr." 的 NFT 以 290 萬美元售出。

3

Bored Ape Yacht Club

2021 年 5 月，「無聊猿」Bored Ape Yacht Club（BAYC）的誕生，令 NFT 頭像成為另一追捧的 NFT 藏品。隨著 Stephen Curry 及 Jimmy Fallon 等名人的高調認購，頭像的價錢亦水漲船高。目前「無聊猿」系列整體市價約 28 億美元，地板價也要 28 萬美元起跳。當中的 #3749 號頭像，俗稱「船長」（The Captain），在 2021 年 9 月被遊戲公司 The Sandbox 以接近 300 萬美元購入，震驚市場。

4

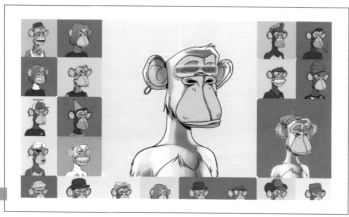

CryptoPunks

要數 2021 年 NFT 頭像的贏家，除了 Bored Ape Yacht Club，當然還有 CryptoPunks。CryptoPunks 誕生於 2017 年，整套系列共 1 萬顆頭像。2021 年 5 月，佳士得把其中 9 個頭像發售，價錢高達 1,700 萬美元。之後蘇富比把編號 #7523 的頭像拍賣，竟創下 1,175 萬美元的天價。

Axie Infinity

2021 年下半年，GameFi 成為了 NFT 市場的新動力。玩家可以在 Axie Infinity 的遊戲中把自己育成、獨一無二的精靈轉售，成為第一款突破 10 億美元銷售額的 NFT 遊戲。2021 年 8 月，Axie Infinity 單月的交易額高達 18 億美元，令 Play to Earn 成為 NFT 遊戲的主要模式。

The Sandbox

2021 年 10 月 28 日，Facebook 正式改名為 Meta，把元宇宙概念向全人類推廣。而元宇宙狂熱竟蔓延至虛擬房地產，愈來愈多投資公司在虛擬世界「搶地」，令區塊鏈遊戲「沙盒」（The Sandbox）內的虛擬土地價錢愈搶愈高，更創下 243 萬美元的賣地紀錄。

RTFKT Studios

2021 年 12 月，Nike 正式宣布收購 RTFKT Studios。RTFKT 成立於 2020 年，專注創作虛擬球鞋與時尚品牌，讓用家在虛擬平台裡能夠穿上 RTFKT 設計的球鞋或服飾。Nike 的收購亦代表虛擬品牌與現實品牌的結合，所以收購完成後，Nike 已急不及待宣布推出 Jordan Brand 與 Converse 的虛擬系列，吃盡虛實潮流市場。

二、2021 NFT 大事紀：香港篇

2021 年 4 月，歌手陳奐仁將兩首歌《nobody gets me》及《The XXXX Is An NFT》於 NFT 平台發售，分別賺到 7 個以太幣及 539 個幣安幣，當時約值 150 萬港元，成為首位發行音樂 NFT 的華語音樂人。

2021 年 7 月，音樂人林健華以 520 枚以太幣（當時約 120 萬美元）售出 5 首單曲 Demo，創下了全球 NFT 單曲音樂最高成交記錄。其後林一峰、雷有輝等本地音樂人，年內亦先後發行個人作品 NFT。

2021 年 10 月，香港導演王家衛把一段片長 1 分 32 秒的《花樣年華》首天拍攝未公開花絮，以 NFT 形式在蘇富比拍賣，成交價高達 428.4 萬港元。

港產遊戲商 Animoca Brands 隨著 NFT 及元宇宙概念被炒熱而水漲船高，旗下虛擬遊戲「沙盒」（The Sandbox）大受歡迎，本地發展商新世界發展（00017.HK）更高調在沙盒購入一幅 24 乘 24 的虛擬土地。

隨著 NFT 頭像大熱，2021 年香港本土團體亦有陸續推出，當中受追捧的有 Monkey Kingdom 系列。該系列是受《西遊記》故事所啟發，被林俊傑、王

陽明及 Mirror 陳卓賢等名人增持。截至 2021 年 12 月，一款 Monkey Kingdom 頭像平均售價 55 枚 SOL，約值 4 萬港元。

至於其他 NFT 頭像，如 Lucky Kittens、Bunny Warriors 及 Carries Hamsters 等都各具特色，價錢亦有一定的升幅。

三、2021 NFT 大事紀：台灣篇

　　2021-22 年台灣最矚目的 NFT 項目，一定是在 2022 年 1 月 1 日，由周杰倫旗下潮牌 PHANTACi 聯乘數位娛樂平台 Ezek 共同發行的 Phanta Bear NFT。項目初始售價為每個為 0.26ETH，大約等值當時的 7,700 港元，全球限量一萬個，但短短一日就沽清！Phanta Bear NFT 一度上漲至最高 7.3ETH，漲幅高達 28 倍，成為多國 NFT 市場交易冠軍，不過及後價錢迅速回落，但比初始價仍有大量升幅。

　　雖然周杰倫暫時只集中創作潮牌 NFT，台灣音樂 NFT 市場在 2021 年卻熱鬧非常。2021 年 5 月，歌手陳芳語 Kimberley 與廠牌 Chynahouse 攜手國內外音樂製作人，推出多達 21 首歌的《Kow Tow: Princess Tendencies Remix》限量專輯 NFT，定價 25 美金，一推出即秒殺，成為華語樂壇第一個專輯 NFT，至今收藏價格已來到 75 美金。

之後其他歌手都陸續開發 NFT 這片藍海，擴大作品的市場。而台灣本土的 NFT 音樂交易平台 OURSONG，亦對推動 NFT 音樂市場不遺餘力。

陳芳語 Kimberley

NFT 音樂交易平台 OURSONG。

　　要數 2021 年台灣最具創意的 NFT 項目，師園鹹酥雞 NFT 肯定是數一數二。這家超過 30 年的台灣夜市老字號，在 2021 年 12 月推出一系列招牌食品的 NFT，包括鹽酥雞、炸魷魚及杏鮑菇等，上架短短一天內漲幅高達近 130 倍，絕對是傳統與嶄新科技的完美共融。

第一章

「NFT 入門」

1.1 甚麼是 NFT？

　　NFT 的全名是 Non-Fungible Token，中文一般譯作非同質化代幣，亦即是「資訊完全獨特而不可取代的」代幣。假設我們的錢包中有一個 1 元硬幣，現時有人偷偷換成另一個 1 元硬幣，我們不可能會發現，因為兩者功能一樣，外表一樣，沒有任何可識別的憑證。

　　NFT 技術正正要想辦法分辨這兩個 1 元硬幣。你會問好好的為何要這樣做？那可能要看一點歷史，才能理解。

世上第一個 NFT 誕生於 2014 年

　　首項被定義為 NFT 的「資訊」，是於 2014 年由美國企業家及電腦科技專家 Anil Dash 及 Kevin McCoy 等人加工的一段影片，影片內容是 Kevin McCoy 妻子製作的一段短影像，名為

《Quantum》，內容只是一個類似圓形的圖案在不斷變換色彩及紋路（現在還能在 Youtube 上看得到）。

Anil Dash 及 Kevin McCoy 為這段影象加上了不可逆的「元資訊」（Metadata），並以 Namecoin（名幣）出售。後來有人訪問他們，為甚麼要樣做？他們直截了當地說：「我們只是希望確保每位創作者都能賺到一點金錢，又能對他們作品有絕對擁有權。」

Anil Dash 及 Kevin McCoy 當時稱呼這段影片「貨幣化影像」。看到這裡，大家應該終於明白，原來 NFT 最初正正是為了令每一份資訊都變成「貨幣」，透過區塊鏈去中心化及完整追溯期的特色，令資訊及作品都更具獨特性，更具交易價值。

順帶一提，當年《Quantum》首次出售，只賣了 4 美元，2021 年蘇富比公開拍賣，則以 1.47 百萬美元拍出。

然後到 2015 年，剛成立不久的以太坊主網（Ethereum Mainnet）上建立首個 NFT 企劃 Etheria，一般被視為首個「正式」的 NFT 企劃，其後就陸續出現了 Curio Cards、著名的 CryptoKitties 等等。到 2017 年，以太坊的 ERC-721 正式公布，開啟了時至今天的 NFT 時代。

NFT 對創作者及買家的雙向解放

在深入解說 NFT 的核心技術之前，我們先來回顧，NFT 最基礎的意義是甚麼？

過往所有的傳統藝術家要售出一幅畫作或是一件裝置藝術品，可能首先要想辦法成名，獲得新人藝術家獎項，再加入某某藝術流派獲得前

輩的賞識,找機會在刊物或畫展中發表自己的作品,然後等待買家出現,由中間人及策展人議價出售。

就算成功賣出作品,中間也要再扣除場地及中介費成本,才算完成一次藝術品交易而獲利。

對買家而言亦同樣繁複,要找到心目中的高質素藝術品,就需要花時間前往各地藝術展,購買入場票,參與藝術拍賣會,付出一筆中介費之後,才可能買到藝術品。購入藝術品後,如何收藏,如何保養,如何再轉手獲利,又將涉及更多可觀的成本。

NFT 帶來的交易自由化並不限於創作者,對於買家及投資者也如是。坊間一直將 NFT 技術聚焦於創作者身上,但其實 NFT 同時解放了買家的各種限制,才得以讓今天的 NFT 市場如此蓬勃。

ERC-721 是甚麼? ERC-1155 又是甚麼?

回到技術層面,為何加密貨幣是可以替代,而 NFT 又能具有不可取代的「元資料」成為「非同值性代幣」呢?為甚麼以太幣及大部分的 NFT 都是基於以太坊,兩者又有何本質上的差別?

當中的差別其實在於所使用的「ERC 標準」（ERC standard）,為 Ethereum Request for Comments 的縮寫,本意是透過公開徵求以獲得公眾認同的智能合約寫法,但簡言而之,即是當我們在以太坊上開發了一個物件,其所能掛勾使用的智能合約條款。

ERC 有無數種類，「ERC-721」則是 NFT 最常用的標準，意指在數據認證上是不可更動及不可刪改，而一般以太坊代幣常用的則是「ERC-20」標準，並沒有獨有的數據背景可以分割。這正是 NFT 與其他代幣的差異。

ERC-1155 則是另一種常見的 NFT 智能合約標準，可以鑄造一整批量的 NFT，特別常見於區塊鏈中的遊戲道具。假設我們想要鑄造 1,000 瓶 NFT 藥水，如果使用 ERC-721，就會需要操作一千次（因為每一份合約都是獨特的，而且需要支付一千次燃料費 Gas Fee），而用 ERC-1155，就可以一次製作 1,000 份 NFT 遊戲藥水，程序自然更為簡便。

對應 NFT 機制的 ERC 標準其實不只 ERC-721 及 ERC-1155，更多新標準仍在開發當中，如最新出現的「ERC-721A」，則是可以再省減以太坊燃料費的 ERC 標準。

1.2 主流及潛力 NFT 類型簡介

　　NFT 的本質是鑄入物品的一系列數據，因此理論任何資訊只要能夠線上化，都可以成為 NFT。目前市場流行的 NFT 大概可以分為以下多個類型。

I. 主流 NFT

1. NFT 頭像

Bored Ape Yacht Club 頭像。

　　NFT 頭像屬目前最主流的類型，其本質是一系列的圖片，具有共通的主題及風格，而每一個圖案都略有差別，可以作為個人頭像之用。

　　著名的 NFT 頭像系列包括 CryptoPunks、Bored Ape Yacht Club、Monkey Kingdom 等，也是此類型的 NFT。

2. NFT 視覺藝術

NFT 視覺藝術則是另一個更廣泛的類型，泛指由世界各地藝術家所製作的圖像，內容沒有固定主題，但風格大多是當代藝術風格，偏向前衛及實驗形式。

由於要一張圖片變成 NFT 非常容易，所以 NFT 視覺藝術確實是有良莠不齊的現象。後來大多成功的 NFT 視覺藝術都有概念支持，例如 Tyler Hobbs 的生成藝術（Generative Art），或 Beeple 各種能夠反映當下社會政治議題的作品。

Tyler Hobbs 的藝術作品。

3. NFT 音樂

NFT 音樂相比頭像及視覺藝術屬於較新興的類型，可是卻成長得頗高速，而且受到不少著名的音樂人支持，包括黃明志、陳芳語、坂本龍一，Linkin Park 等都有發行。

相比其他 NFT 類型，NFT 音樂對於業界的衝擊比較明顯。過去一段長時間，音樂產品都是受唱片公司、經紀人乃至廣播機構所把持，當 NFT 音樂現身後，等於改寫了遊戲規則，因此 NFT 音樂的形式亦較過去的一般音樂作品更為多樣化。

Linkin Park。

4. NFT 遊戲 /NFT 遊戲道具

　　NFT 遊戲與相關的 NFT 遊戲道具是新興一個大類，亦往往是加密貨幣世界的一大話題。各建立在區塊鏈上的去中心化遊戲包括 Axie Infinity/Decentraland/The Sandbox 等，也有提供不同的 NFT 道具，如 Thetan Arena/Ember Sword 等，更是如一般手機遊戲，提供 NFT 角色。

　　上述的道具及角色都可以在特定平台下自由交易，對於玩家而言，NFT 遊戲就等於同時具有遊玩、收集及投資增值的樂趣。加上 NFT 遊戲較具有元宇宙的沉浸模式，因此可以視為獨立的 NFT 大類。

5. NFT 土地

NFT 土地是可以購買的「虛擬空間擁有權」，最著名的例子就是 NFT 遊戲 Decentraland/The Sandbox 當中的虛擬土地，遊戲當中包括了不同土地區塊均可以購買，目前兩者的虛擬土地都幾乎已全數售出，而且轉手叫價動輒要達 6 位數字美元。

II. 其他潛力 NFT

正如上文所述，NFT 只是技術，對象可以是任何事物。以下是其他較領先而未成主流的 NFT 類型，未來也許極具潛力。

1. NFT 時裝

NFT 時裝／服飾即可以為虛擬角色打扮的衣服道具，相比可以為 NFT 遊戲帶來互動體驗的 NFT 道具，NFT 衣著功用目前而言較為薄弱。

不過，眾多知名的 NFT 時裝名牌包括 LV、Gucci 等，都已經企劃製作與時裝相關的 NFT，Decentraland 亦曾舉辦線上時尚展 MVFW，未來會否成為另一項投資主流屬未知之數。

Decentraland 舉辦的線上時尚展 MVFW。

2. NFT 門票

　　NFT 門票亦即是為各種活動門票鑄上 NFT 認證，這項做法實際上不是為了投資或炒賣，反而是為了禁絕比賽前的黃牛或場外炒賣等行為。

　　2022 年，美國橄欖球聯盟 (NFL) 的 SuperBowl 比賽，購買實體門票觀眾可獲贈 NFT 門票。如果反應良好，將有機會以 NFT 發行正式門票，未來 NFT 門票或會成為體育界及演藝界的主流。

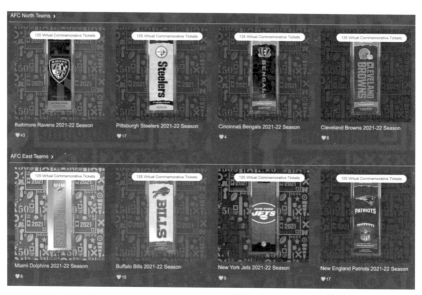

2022 年 SuperBowl 比賽的 NFT 門票。

3. NFT 房地產／不動產

NFT 房地產／不動產與 NFT 遊戲中的虛擬土地不同，而是指現實世界的實體資產，透過 NFT 交易相關的憑證、合約或持有權。

不同國家的不動產轉售方式各有差異，但大多極為的繁複，而且涉及大量的政府文件、地契或印花稅文件。如果這些程序都能夠 NFT 化，至少能夠省減文件往來的程序及儲藏程序，同時亦可以推動以加密貨幣購買房地產的趨勢。

4. NFT 行為數據記錄

NFT 行為數據記錄所指的，是我們於線上平台或線上遊戲當中所獲得的「成就」，道理等於一張虛擬證書，能夠記錄任何人於任何時間的行為。

對於各種形式的線上競賽或電競項目而言，NFT 的嚴密去中心化記錄，更能加強某數據的獨特性，從而成為更權威的記錄。

1.3 NFT 究竟是一時熱潮 還是虛擬生態變革？

　　NFT 的概念對於原先就有接觸加密貨幣的人或許不陌生，卻引起許多圈外人的關注。舉凡與 NBA 合作的 NBA Top Shot、Beeple 賣出價值 HK$5.4 億的 JPG 作品、知名 DJ 3lau 以千萬美元出售首張 NFT 音樂專輯，及陸陸續續有歌手推出如嘻哈教父 Snoop Dogg、歌手周興哲 NFT 專輯等消息，均使得更多人想要瞭解有關 NFT 的資訊。

　　對於每一樣 NFT 來說，都是獨一無二且無法替代的，也因此 NFT 常見於藝術品、音樂版權甚至是房地產碎片化等應用。

I. NFT 的特點為何?以創作者及買家的角度探討

創作者:

- **節省出售產品的成本及時間**:藝術創作者能夠直接透過網路上的 NFT Marketplace 出售自己的成品,不需經過以往的商品聯名合作或是畫廊展覽等方式,節省許多成本及心力之餘,又可以同時上架至好幾個交易平台上,雖然還是需要一點 Gas Fee 當作上架費用。

- **打破地區限制,接觸更多以往接觸不到的潛在買家**:以往藝術品買家只能前往佳士得、蘇富比這一類型的拍賣行才能購買藝術品,而現在使用 NFT 交易市場的人,有一部分可能是先前根本就沒有買過實體藝術品的加密貨幣玩家,如此也有助於藝術家接觸到以往接觸不到的潛在買家,擴大自身的影響力。

購買者、潛在買家:

- **稀缺性、獨特性的渴求**:因為藝術品本身就是限量的,許多人購入 NFT 只是為了成為「擁有這件 NFT」的狀態,或是說,會有投機性玩家因為知道這些藝術品未來會有增值空間而搶先購入。

- **由課金轉為投資**:如果是購買了區塊鏈遊戲道具的 NFT,這些道具並不會僅限於在一個遊戲中使用。隨著區塊鏈遊戲的發展,遊戲道具將可以在不同遊戲間同時使用,也可以隨時在交易市場中出售,打破以往遊戲道具只能在同一個遊戲,或是同一個國家伺服器的使用限制。不僅讓來自世界各地的遊戲玩家可以在同一個生態當中進行遊戲道具的交換,道具價值也能夠由市場共識來決定。

· 數位資產碎片化 （Fractionalisation）：以往許多較昂貴的資產，如藝術品、房地產等單價較高的商品，通常不是一般大眾可以接觸到的，NFT 市場卻可以打破本金過小、國家地區等限制，讓大眾可以集資購買較昂貴的房地產及藝術品，透過購買到的 NFT 通證代表對於該物件的所有權，進行分潤等行為。

II. NFT 生態的推進

　　根據虛擬貨幣價格追蹤網站 DappRadar 的統計，全球 NFT 交易額由 2020 年的 0.95 億美元，暴升至 2021 年的 250 億美元，增長超過 250 倍，而暴升的交易，則主要來自 2021 年第 3 及第 4 季屢創新高的 NFT 項目天價交易。

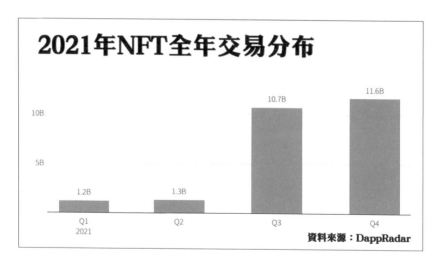

　　雖然目前 NFT 市場的流動性依然尚待改善，不過確實可以看到現今 NFT 的熱潮已經開始彌漫，觸及到許多創作者及演藝人員的生活圈當中。同時，我們更可以看到 NFT 漸漸與我們熟悉的 DeFi 生態有了更多相連結的組合性，DeFi 協議推出 NFT 質押挖礦、NFT 流動性方案等

生態，如 Meme 與 Cometh、BadgerDAO 等協議合作推出質押挖 NFT 等活動，以及 OptionRoom 推出的 NFT Staking 方案，不同等級的 NFT 分別會有質押挖礦的獎勵加成等，都為整個 DeFi 生態添加了新的元素。

III. NFT 重大推手──Dapper Labs

　　NFT 並不是 2021 才出現的產物，提到 2021 年暴漲的幣種之一，大家一定都對 FLOW 這一個加密幣不陌生，背後的開發團隊 Dapper Labs 就是當初於 2017 年推出第一款爆紅的 NFT 區塊鏈遊戲 CryptoKitties 的製作團隊，中文名稱叫謎戀貓。這款遊戲為何一度造成以太坊網路塞車，甚至一隻要價最貴能夠達到好幾百萬元？主要歸因於人們的 FOMO（Fear Of Missing Out 害怕失去）心態以及 NFT 商品的稀缺獨特性。

　　由於謎戀貓每隻都會有不同的特性，如果玩家想要獲得特別珍貴的品種貓，那麼便需要購入市場上的謎戀貓來讓他們配對進而生下小貓，如果成功生下了稀有種，那麼價格將會非常可觀。

隨後更有相似的遊戲 Blockchain Cuties 出現，這次不只能夠配對貓咪生下小貓，更新增了好幾個物種，主人甚至還可以派遣這些寵物出去探險，蒐集不同等級的戰利品，並於市場出售。

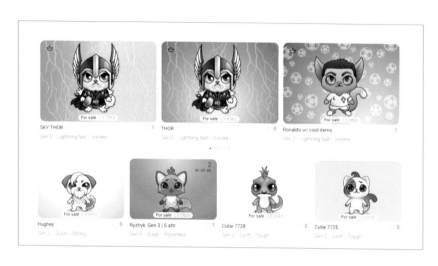

回到 Dapper Labs 的團隊身上，當初會想要從 CryptoKitties 原始團隊 Axiom Zen 分支出來成立獨立團隊，就是為了想要解決以太坊網路速度不夠快、轉賬手續費過高等技術問題，讓玩家在遊玩 NFT 遊戲時，可以有更流暢的使用者體驗。從那之後 Dapper Labs 團隊便於 2018 開始著手 FLOW 這一條專為 NFT 遊戲設計的區塊鏈開發工作，不僅先後受到 a16z、Coinbase、SAMSUNG NEXT 等資本的資金挹注，更與 NBA、UFC、華納音樂等大型 IP 合作。

NBA Top Shot* 的影響所及已經是眾人皆知，相信未來也會有愈來愈多好玩的遊戲會發行在 Flow 這條鏈上。而可以期待的是，我們或許可以利用同一個道具在不同的遊戲中使用。遊戲道具不局限於單一一個遊戲當中，也是 NFT 遊戲的特點之一。

小知識

2020 年 10 月，NBA 推 出 首 套 NFT - NBA Top Shot，這是一個基於 FLOW 區塊鏈技術推出的虛擬「球員卡」，每一張收藏卡都記錄著 NBA 球員比賽中精采的 Moment。

正如稀有的實體卡可以被炒至天價，某些巨星的虛擬卡價值更嚇人，例如 LeBron James 的灌籃時刻虛擬卡，竟炒至 20-25 萬美元一套。之所以有如此天價，全因為「限量」二字。據說最稀有的傳說卡 (Legendary)，只發行 100 套。大眾除了在官網買抽「盲卡」碰運氣，也可以到 NFT 交易平台購買心頭好。

由於 NBA Top Shot 買賣都採用區塊鏈技術，所有交易都是公開透明、無法竄改，也杜絕假貨問題。直至 2022 年 2 月，NBA Top Shot NFT 交易量已突破 1600 萬宗，交易總額超過 9 億美元。

IV. NFT 熱潮將會持續多久？

提到 NFT 市場的熱潮，許多人都不看好，認為只是投機者一股腦竄入市場所堆出的一個泡沫而已。畢竟現在 NFT 市場流動性仍然太差，很容易遇上買到 NFT，卻錯失轉手的機會而造成虧損的情形。

然而，現今的 NFT 生態比起數年前 CryptoKitties 甫推出時完善了許多。不管是 NFT 拍賣場的多樣選擇、NFT 與 DeFi 協議的組合、甚至是 NFT 的衍生金融商品等，都是前所未有的。市場終究會有盛衰週期，NFT 市場未來或許會經歷多次的牛熊交替。但不可否認的是，NFT 的出現確實讓更多人理解到不可替代的數位產權能夠改善的問題，不論是音樂、影片、藝術品甚至是遊戲道具，未來仍然有著許多發展空間。

第二章

「如何製作 NFT」

2.1 簡單步驟發行首個自製 NFT （附上架費表）

　　NFT 是來自區塊鏈技術的虛擬資產之一，能夠以加密形式把特定資訊存放於區塊鏈，藉此代表該物的擁有權，再透過網上交易平台進行買賣。NFT 的種類繁多，可以是數碼畫作、圖像、影音、短片、動畫、遊戲的虛擬角色及裝備、虛擬時裝、手袋等，甚至是實物。

　　NFT 一經發行後便不可更改，作品的創作者與創作日期會永遠紀錄在該枚 NFT 中，就算之後有複製品，大眾依然可以追溯該 NFT 是原版正本還是後製版本。

　　換言之，只要利用NFT編碼，任何非實體資訊，都可以追溯到正本，即使你造出一模一樣的複製品，他所持有的複製本，也不可能獲得正本不能複製的 NFT 編碼。

那麼你會問，我又是否能夠製作 NFT ？

答案是：可以的。

任何人只要了解 NFT 背後的操作，也可以製作出自製 NFT 系列。

I. OpenSea 上架實戰

　　目前市場上有為數不少能製作 NFT 的平台，如果是對於新手而言，我們會推薦使用 OpenSea。原因在於 OpenSea 對於新手而言較為友善，而且可跟不少錢包連結，包括 MetaMask 、Coinbase、Bitski、WalletConnet、Fortmatic、Arkane Network、Authereum、Torus 等加密貨幣錢包。

使用 OpenSea 的收藏管理器（Collection Manager），能允許創作者在沒有任何前期礦工費（Gas Fee）成本的情況下製作 NFT。使用者只需要在 OpenSea 平台的第一次上架前，支付與開創帳戶相關的礦工費用，然後在交易時再支付交易費。

首先我們可以從 Create a collection 開始，創建 NFT 系列之前我們需要先為這個 NFT 創建一個系列名稱，隨後才能依序上傳作品。

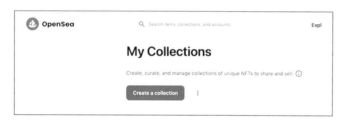

之後再設定收入分潤比例（Creator Earnings）。所謂 Creator Earnings 即是 NFT 創作者在每一次轉售時可獲得的銷售分成。OpenSea 容許分成的最高上限是 10%。

之後再填上收款地址、上傳的區塊鏈（現時支援 ethereum、polygon）以及可以支付的加密貨幣種類（eth、weth、usdc、dai）。

完成 Collection 設定後，便可以在 OpenSea.io 主頁上，去到你的個人帳號圖標，然後單擊右上角的「Create」（創建），即會轉到 NFT 物品創建頁面。你可以在此頁面中上傳你的 NFT 文件，目前 NFT 可以支持許多文件格式，例如視覺文件（JPG、PNG、GIF 等）、音樂文件（MP3）、3D 文件（GLB）等等。

然後對其命名並添加描述。完成這些字段後，即可進一步自定義你的 NFT。其中包括：將其放入現有收藏庫中，或添加屬性、級別、狀態甚至是可解鎖的內容！接著可以設定更多有關於該 NFT 的屬性及各個不同的元素，每個不同的 NFT 都會有他們自己的 Properties，像是皮膚 Skin、顏色、花樣以及身上的各個配件，NFT 每一個獨一無二的搭配都可以在這裡設定，設定完就可以創建了。

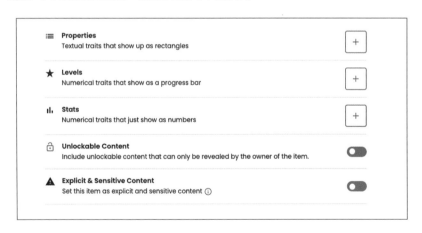

完成自定義 NFT 後，在頁面最底下再單擊「Create」（創建）。
恭喜你，你已成功創建你的第一個 NFT 了！是否比想象中簡單得多呢？

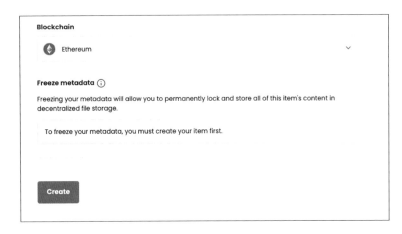

回到 NFT 物品的頁面，你就可以看到你親自製作的 NFT 資訊，包括 Token ID 及 Contract Address 等等，這都代表了不同去中心化區塊鏈編碼。

你甚至會發現，NFT 並沒有「銷毀」的功能，當你製作了 NFT，「它」就是獨一無二的了，獨特到甚至無法消滅然後再以新複製品取而代之。

上載 NFT 前需準備的其他事宜：

· MetaMask 鏈上錢包

· 準備至少 0.05 ETH 執行鏈上交易

 1. 透過官方網站我們可以直接進入 MetaMask 瀏覽器插件的下載連結中；

 2. 安裝完之後選擇建立一個錢包；

 3. 妥善保管註記詞（建議用紙筆，不建議用連網裝置儲存）；

 4. 取得 MetaMask 錢包地址；

 5. 透過交易所出金 ETH（選擇 ERC 網路），將以太幣提領到 MetaMask 錢包方便後續操作。

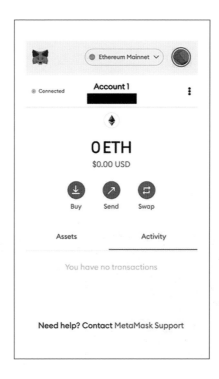

II. Solanart 上架實戰

　　Solanart 目前為 Solana 前三大的 NFT 交易市場,最近也有許多功能上的改進,像是多功能的交易篩選設置、個人檔案及儀表板等,可以看到自己持有的 NFT 目前地板價為何,更好管控自己的 NFT portfolio。

　　另一部分,在各個 NFT 系列的購買頁面,我們也可以透過瀏覽不同特徵的地板價,幫助我們更快找到自己心儀的或是認為低估的 NFT 以便購買,筆者認為這是一個非常實用的功能,以往都需要透過外部的網站(https://howrare.is/) 才能做到。

　　Solanart 本身並不像 OpenSea 那樣，可以自由提交 NFT 作品讓大家交易，其上架機制為申請制。如果你本身是創作者並希望於 Solanart 上架 NFT 的話，可以透過表單進行申請的動作，審核通過便可以免費將作品上傳到 Solanart 上。

上載 NFT 前需準備的其他事宜：
· Phantom 鏈上錢包
· 準備至少 0.1 SOL 執行鏈上交易

如何安裝 Phantom 錢包進行鏈上交易？
1. 透過官方網站可以直接進入 Phantom 瀏覽器插件錢包的下載連結中；
2. 安裝完之後選擇建立一個錢包；
3. 妥善保管註記詞（建議用紙筆，不建議用連網裝置儲存）；
4. 取得 Phantom 錢包地址；
5. 透過交易所出金 Solana（選擇 SPL 網路），將 Solana 網路原生代幣 $SOL 提領到 Phantom 錢包方便後續操作。

III. 如何選擇不同的 NFT 平台？

網上已經有很多 NFT 鑄造平台，每個平台有不同的特點。我們可以簡單劃分為「公開制」或是「會員制」。

公開制屬於自由開戶的平台，讓任何人都能 DIY 上架，例如 OpenSea、Rarible、InfiNFT、Mintbase 和 Cargo 等等。這些平台基本讓創作無限制，任何人均能創作任何 NFT，可以是數字美術作品、會員證或其他等等。操作方式也並不困難，對於新手而言簡單上手，只需留意不同平台的礦工費或是上架費、交易費等等。

另外有部分 NFT 平台只開放給特定人士，以會員制度運作。例如 SuperRare 和 Async Art，就只向特定人士人開放。

不同平台 NFT 上架收費比較
留意不同平台的收費各不相同，目前多半只收賣家的佣金，而不會收取買家的分文；不過，大多數 NFT 平台都有「二次轉手費」，大約佔轉手新賣家的 2.5% 交易費。

不同平台的收費比率各有所異，並無劃一固定收費，隨時亦有不同優惠，要留意官方公布的最新費用。

平台	所在公鏈	首次銷售服務費	版稅
OpenSea	Ethereum	賣家：2.5%	創作者決定（上限10%）
Rarible	Ethereum	賣家：2.5% 買家：2.5%	創作者決定
SuperRare	Ethereum	賣家：15%	3%
Foundation	Ethereum	賣家：15%	10%
Nifty Gateway	Ethereum	服務費：5%+賣家10%，合共15%	創作者決定

IV. 如何藉出售 NFT 以獲利？

當你自己製作第一份 NFT 後，就會發現 NFT 世界非常浩瀚，由於入場門檻非常低。當中有專業的藝術家，也有亂來的新手，換句話說就是良莠不齊。任何人也可以製作 NFT，或是以 NFT 方式販售自己的作品，但不代表凡擁有 NFT 的人就可以獲利。

在 NFT 世界，最講究的是「賦能」，也就是 NFT 能帶給買家的價值。價值可以來自稀缺性（如名人的作品）、社交性（擁有特定頭像便成為該團體的會員）、效益性（NFT 持有人能有實物或特別回饋）及認同性（認同 NFT 創作者背後的理念）。假如 NFT 欠缺「賦能」，無論外觀多特別也只會無人問津。

要透過製作 NFT 獲利，花的苦功可能不下於成為著名的畫家／藝術創作者，你可能要循以下幾個方向入手：

NFT 投資攻略

1、了解加密貨幣世界的 NFT 文化

NFT 熱潮於近年因為成交價漸增而冒起，可是對於歐美地區而言，NFT 的商業活動已誕生了數年之久，例如帶起 NFT 熱潮的首個系列 CryptoKitties，早於 2017 年已面世。

對於加密貨幣世界而言，NFT 有其固有的溝通文化，包括風格、背景概念、發行及銷售方式，也有其既定一套準則。如果真的有意要成為 NFT 製作者，就首先就是要熟悉以上各項細節。

CryptoKitties。

2、發展 NFT 藝術品背後的文本故事

你會發現，現時最熱賣的 NFT，仍然是以當代藝術風格概念為主，這些作品能否有價有市，往往與作品以及作者的背景有關。

例如早前《時代雜誌》的《Build a Better Future》NFT 系列，正是以黑人平權、消除貧困階級為主題，再以「盲盒」發行讓買家隨機獲得 NFT，最後全數沽清。類似以概念取勝的 NFT 買賣例子不勝枚舉。

3、發掘 NFT 市場世界社群

一如世上所有的貴重品交易，買家賣家之間總會互相溝通聯絡，交流資料的渠道。如果多留意相關的討論平台，可能會獲得更多關於 NFT 產品、市場、價格方面的重要資訊，對於 NFT 而是都是值得參考的細節。

4、開發更前衛的 NFT 概念藝術

相比傳統的藝術或是當代藝術，NFT 更著重於設計者的概念，以及當下整個技術潮流的創新。

NFT 的缺點在於入場門檻低，任何人也可以製作 NFT；反而言之，亦即是設計者的想法可以更天馬行空，只要有一個具突破性的想法及文本，或是趁著各種去中心化／虛擬藝術的新技術誕生，率先以 NFT 引起關注，可能足以帶來可觀的商機。

V. 出售自製 NFT 時有何要注意？

雖然鑄造 NFT 幾近是沒有任何限制的，但要出售 NFT，則仍然有以下數項細節需要注意：

1. 如果你出售的 NFT 不是在 OpenSea 上鑄造，而是通過自定義 NFT 合同鑄造，則需要支付一次性的授權交易批准費。

2. 如你是首次以拍賣形式出售 NFT，你還需要批准 WETH 交易。

3. 留意成功出售 NFT 所需要的費用，不同平台手續費也略有不同，包括 OpenSea 上有 2.5% 的「Service Fee（服務費）」，亦有最多 10% 的「Creator Royalty（作家版權費）」。不同的交易所會要求版稅，百分比各有差異，但大多以 10% 為上限。

VI. 為何 NFT 擁有動輒百萬的經濟價值？

正如上述所言，無論是藝術、音樂、視聽還是社交媒體內容，每個 NFT 都有一項編碼證書，這使得作品獨一無二。這個證書中的信息是多樣的，可追溯性、創建者、創建日期，還有交易歷史。

換言之，與傳統的歷史藝術品一樣，只要 NFT 物品本具有高度的藝術或是精神價值，而又不可取代，當每個人都爭相希望擁有此「獨一無二」的物品，就會在競價之下產生經濟價值。

2.2 從 4 個步驟開始，
創作首個 NFT 頭像系列！

　　近日 NFT 成為加密貨幣市場最熱門的話題，各大原創 NFT 系列輕易搶吸市場注意力甚至資金，連各大歐美奢侈品牌，亦推出自家的特色 NFT。

　　各種 NFT 創作當中，又以頭像系列最受歡迎。引起不同的民間創作人士，或是 KOL 等各種爭相創作出自己的 NFT 頭像系列。

　　如果我們想自行製作 NFT 頭像系列，應該如何做？

NFT 投資攻略

1、決定頭像角色特質

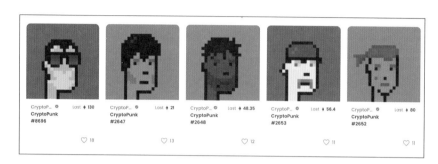

　　不論是任何 NFT 頭像系列，都要透過一些基本概念，以決定其頭像的「特質」，例如始祖的 CryptoPunks，其風格除了每個頭像都獨一無二之外，更明顯是走懷舊「像素風格」，呈現一種有如 8、90 年代的懷舊風。

　　又例如是被不少名人追捧的「無聊猿」Bored Ape Yacht Club，則是以一個狀甚頹廢的猴子圖案為基底。當你要建立自己頭像系列之前，必需先決定自己的頭像特質，或是否選用一種動物作為底本。

2、選擇「NFT 自動製作軟件」?

　　目前市場上事實較難找到可靠、實用又免費的 NFT 頭像生成器，不少宣稱免費的 NFT 免費頭像生成器，都可能需要預先收費，或是替你生成頭像之後，再要你逐張回購。

　　即使真的有免費的自動頭像製作軟件，可能也需要考慮到資訊安全問題，背後是否有木馬軟件盜取你製作的頭像等等。

因此，一般專業的 NFT 製作人，都會選擇以自己的編碼製作生成器，而不是依賴坊間的 NFT 自動產生器。例如，英國的 12 歲少年 Benyamin Ahmed，即是從小學習程式編寫，因此能自行創作組合 NFT 頭像的軟件。

當然，還有最經典的做法，就是透過 Photoshop ／ AI 等最基本的繪圖軟件自行組合或繪畫。不過，從 CryptoPunks 開始，頭像要成為「系列」就需要 1 萬張，就算是只需要 1 千張，單靠這種「人手」製作，效率也非常有限。

3、決定所需要的自動頭像生成部件

儘管不是必然，但目前一般的頭像系列，一般由 4 個或以上部分的不同配件組合而成。

例如以「無聊猿」Bored Ape Yacht Club 為例，則包括不同設計的「身體」，「嘴巴」，「眼睛」，「穿著／髮型」，「背景」所構成。對應每一個部分的不同配件都有一定數量限制，即可藉此造成多個罕有配件組合出稀缺頭像。

當然，亦有 NFT 頭像系列單純透過不同頭像設計，以湊成頭像系列，但這樣所需要的設計配件就更多，就可能更花 NFT 設計者的心思。

5615
BACKGROUND: AQUAMARINE
CLOTHES: BONE NECKLACE
EARRING: N/A
EYES: COINS
FUR: BLACK
HAT: COMMIE HAT
MOUTH: BORED UNSHAVEN PIZZA

3514
BACKGROUND: ARMY GREEN
CLOTHES: N/A
EARRING: N/A
EYES: HEART
FUR: BLUE
HAT: N/A
MOUTH: DUMBFOUNDED

4583
BACKGROUND: PURPLE
CLOTHES: N/A
EARRING: DIAMOND STUD
EYES: CRAZY
FUR: DARK BROWN
HAT: HALO
MOUTH: BORED PIZZA

4、設定 NFT 頭像系列背後的故事／意念

目前大部分受追捧的 NFT 系列，背後都多少有一項具體的設計概念，以表達出整個頭像系列的背景故事。不論這個故事何等天馬行空、充滿想象力，但都必須要有主題，才能賦予整個頭像系列在視覺以外的藝術價值。

比較特別的例子如「Ghozali Everyday」，來自印尼的少年由 2017 年起每日自拍，同一表情，同一角度，毫不間斷，再將照片製成 NFT 放到 OpenSea 上，而且系列描述就表明「it's really a picture of me standing in front of the computer day by day」。

不論你是否覺得這是「有價值」的背景故事，但至少其 NFT 頭像內容與其描述是確實對應的。這份怪誕反而令「Ghozali Everyday」成為了真正有人購買的 NFT 系列，至今交易量曾達 384ETH，即逾 100 萬美元。

如何發售你的自製 NFT 頭像？

目前市場上規模最大、最多人使用的 NFT 交易平台即是 OpenSea。絕大多數的 NFT 頭像系列都在 OpenSea 上發售，市場大部分的買家也多在 OpenSea 上交易。如果本身缺乏名氣，又或是沒有足夠的團隊人手去宣傳，那麼客源充足的 OpenSea，仍然是你的最佳選擇。詳細的創作及發售方法可參閱前文。

創作者當然可以使用其他 NFT 平台，但要留意其他平台是否會員制，發表全新作品是否有限制等，亦要留意不同平台的上架費水平。

2.3 NFT 賣不出去？
你未曾注意的 4 大真正原因

　　辛苦自製了 NFT 為何賣不出去？想搞得懂為甚麼 NFT 賣不出，不如先了解為甚麼 NFT 賣得出！

　　NFT 界從來都不缺高價成交案例：藝術家 Beeple 的 NFT 作品售出約 6,900 萬美元、黃明志的歌曲《玻璃心》的 100 個 NFT 售出約 90 萬美元；有人為 CryptoPunks、BAYC 等 NFT 系列豪擲十幾萬美元購買一個頭像。

　　這些 NFT 為甚麼值錢呢？其價值可能在於它們的藝術性、稀缺度、知名度等等。和傳統藝術品相像，由知名藝術家或影響力強的名人創造的 NFT，買家因為認同其價值而「氪金」支持。

又或者該 NFT 已經創立了一定程度的品牌價值和身份象徵，就如同購買名牌商品一樣令人趨之若鶩。為甚麼你的 NFT 賣不出去？可能是因為以下原因。

NFT 賣不出去的原因 1：藝術性、知名度低

由名人或知名品牌創造的 NFT 往往更容易以高價賣出，因為這些作品本身已經受普羅大眾認同其物品本身的價值，例如若果《蒙羅麗莎的微笑》被做成 NFT 賣出，即使你本身藝術鑑賞力未能認同這件作品的美，也會認同這件作品必定會受追捧和被高價賣出。

要說 NFT 最有名的例子，不妨看看世界單一 NFT 交易金額最高的紀錄保持者 Beeple。繼《Everydays: the First 5000 Days》之後，Beeple 最新的作品「人類一號（HUMAN ONE）」，屬於「3D影片雕塑作品」，除了其技術的獨特性之外，其背後探討人類在宇宙時空探索角色的深意，同樣亦是其作品備受追捧的原因。

若果無人認同你的創作，那麼它也只不過是一張 .jpeg、一個 .gif、一段音訊而已。

人類一號（HUMAN ONE）

NFT 賣不出去的原因 2：缺乏團隊宣傳

若果要由零知名度創作出受歡迎的 NFT，製作團隊的宣傳去為作品建立品牌形象是非常關鍵的。你需要為你的作品創造出市場需求，而不是等待市場自然對你的作品有需求。

如你的作品背後擁有完整創作理念，作品完成度高，再配合團隊宣傳，讓人感覺你的 NFT 有強大生命力、發展和成長空間，或者具有實用價值如區塊鏈遊戲的 NFT，容許收藏者之間交流和交換，則更容易讓人願意付款購買。

例如以 CryptoPunk 作個人資料頭像，已經是一定程度的身份象徵，那麼整個系列的 NFT 則較易賣出。而若作品宣傳力度和計畫不足，則難以凝聚作品關注度，變得無人問津。

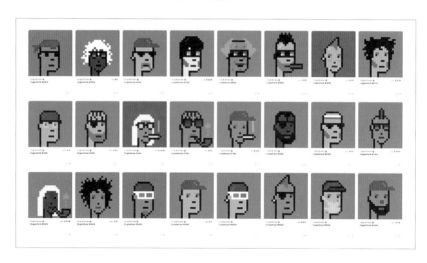

NFT 賣不出去原因 3:定價太進取

另一個常見的原因是 NFT 的定價太過高,一開始已經過分進取,令到作品乏人問津。確實有很多 NFT 作品的成交額都非常可觀,但背後往往有藝術家本人或團隊的細心經營,而不是隨隨便便就能被資金菁萊。

如果是新手想販賣 NFT,除了要留意作品背後的故事性、獨家性以及技術水平之外,亦要留意定價的水平。就像是一位沒有名氣的畫家,作品再好,也可以要從基礎開始,先以低價賣出部分作品,創造成交紀錄以後再想辦法提升價值。

NFT 賣不出去原因 4:資產流動性低、價格波幅大

NFT 被炒賣出天價並不奇怪,而一夜之間跌至毫無價值也不意外,加密貨幣世界本身就是極其浮動且不確定的領域。而 NFT 藝術品的定價則更加主觀,即使賣家認為其作品值得高價,但買家不受落,NFT 也照樣賣不出。投資者購買後,可能需要等待一段時間才能轉手,而高價的 NFT 要轉手至其他收藏者,則可能需要更長時間。

此外,NFT 領域的基礎設施仍不完善,大多數項目仍處於探索嘗試階段。區塊鏈本身就是自由度極高的領域,「再瘋狂的事都可以在 NFT 世界內發生」,若果 NFT 被炒至天價不足為奇,那麼 NFT 價格波動甚至變得毫無價值也並非絕無可能。

總結:NFT 最重要的價值在於說故事的能力

NFT 是完全去實體化的作品,其技術門檻不可能與古典藝術或是當代裝置藝術相比。相反,NFT 世界更為重視是作品本身的意念,亦即是作品背後的精神價值。

這聽來有點抽象,但試想想看,要設計一種前所未有的想法,再推出市場,又加上要有配合的渠道與團體,讓市場接受你的想法與資訊,其實也不是那麼簡單的事情。如果成功了,就是價值所在。

目前我們所見能夠成功的 NFT 物品,無一例外能夠滿足以上所有 4 項條件,能夠向市場說出一個絕佳而原創的故事,受市場追捧,才能夠創造出高價交投。

第三章

「如何購買 NFT」

3.1 如何從 OpenSea 購買你的第一個 NFT ？

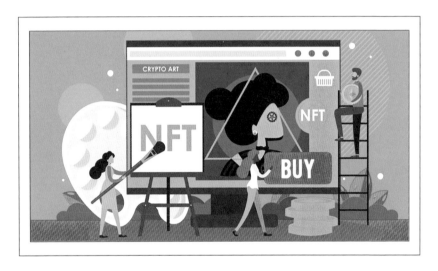

　　NFT 市場在 2021 年迎來第二波爆發之後，熱度一直延續至 2022 年。在全球最大 NFT 買賣平台 OpenSea，單單 2021 年 9 月的交易總額已達 27.2 億美元，佔全球 NFT 交易的 97%。

　　雖然要買賣 NFT 仍有其他的網站，例如 Nifty Gateway 及 Rarible 等，但是主要的流動性都還是在 OpenSea 上，所以我們這篇文章也選擇 OpenSea 來介紹 NFT 的購買流程。

網址：https://opensea.io/

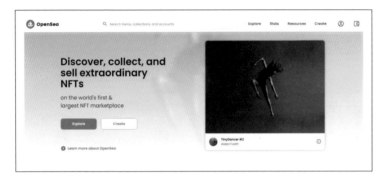

首先我們可以在 OpenSea 上的排名頁面看到目前的 NFT 交易量、地板價 Floor Price（收藏品於市場上的最低價格，而不是平均物品價格）、交易量變化等，輔助自己做出正確的判斷。

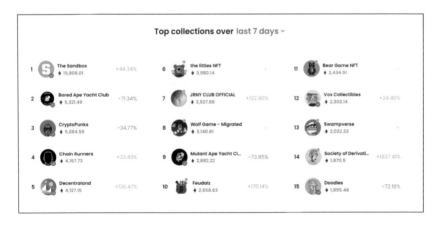

　　點進一個 NFT 系列之後可以看到目前的上架數、擁有者數量、地板價以及交易數，我們以最近爆紅的 Pudgy Penguins 來作為購買流程範例的教學。

　　點進任一 NFT 之後可以看到：

Sale ends：　　　競投結束時間
Current Price：　目前的價格
Make offers：　　出價
Buy Now：　　　直接購買
Price History：　歷史價格

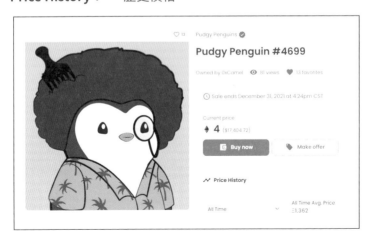

Offer：目前市場上所有買家的出價。

Item Activity： 該 NFT 的歷史交易紀錄，
可以看到該 NFT 的 轉手次數。

More from this collection：可以看到該系列 NFT 同樣於市場中
販賣的其他項目及價格。

透過各個數據，可以幫助自己判斷市場對於該 NFT 的需求。

買斷與競價 NFT 的差異為何?

先前提到購買 NFT 可以分為 「Buy now」 或是「Make Offer」兩種方式,兩種方式各有優劣,直接買斷 NFT 讓你不會錯過有價值的 NFT,同時也不會有競標壓力,「Make Offer」 則可以透過 WETH(Wrapped ETH) 同時在不同的 NFT 出價,出價的過程中並不會減少 WETH,只有成交之後才會扣除自己的 WETH,所以對於 NFT 市場較熟悉的買家,競標可以有效運用自己手上的資金,同時可以測試該 NFT 在市場中真正的價值為何。

在「Make Offer」 頁面我們需要先在「Convert tokens」 將 ETH 轉為 WETH,同時輸入自己的 offer 期限、出價數量等,轉換完成之後,就可以進行 NFT 競標了。ETH 和 WETH 的價值完全相同,競標完後亦可在 OpenSea 的個人帳戶中由 WETH 兌換回 ETH。

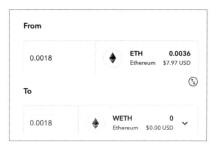

WETH 以紅色標誌表示,以與 ETH 分別。

兌換到 WETH 後,就可參加競標

購買 NFT 需要注意的事

NFT 市場仍然缺乏流動性

就像我們不會建議大家隨便進入野狗礦或是購買市值極小的幣一樣，投資 NFT 最大的問題是能否脫手；尤其 NFT 市場的流動性極差，交易量較少的 NFT 可能甚難有脫手的一天，所以我們建議投資者要購買的話，也務必選擇交易量排名前 20 的 NFT 才比較安全；當然如果是要買來紀念的話，就是另外一回事了。

NFT 真偽，OpenSea 上的騙局

像加密幣偶爾發生假幣事件一樣，NFT 市場上也有可能會出現假的 NFT，所以在購買之前一定要確認該 NFT 商品為官方正版（有藍勾），否則買到假貨的只能欲哭無淚了。另外也有些社群提到，有不法分子會透過 Bundle（搭售）的形式，將假貨混夾在好幾個正版 NFT 一起出售，因此也務必在購買之前再次確認！

NFT 熱度極有可能稍縱即逝，可以判斷的幾個 NFT 熱度指標

由於目前 NFT 市場非常火熱，每天都有非常多的新 NFT 系列販售，其中更不乏有許多團隊只是為了圈第一波錢而上線，在購買 NFT 之前請先瞭解不同的 NFT 背後是否有其獨特價值、吸引人的機制或是團隊有無完整的規劃等，畢竟目前的 gas fee 都還是處於居高不下的情況，購買一系列的 NFT 成本時常都要花費 200-300 美金不等的 ETH。

在購買 NFT 之前我們可以判斷不同 NFT 市場的每日交易總額、地板價（floor）的變化以及社群頻道的經營用心程度，務必事前要做好功課（DYOR）再進行購買。

OpenSea 以外的五大 NFT 交易平台

NFT 的熱潮亦帶動了 NFT 平台的蓬勃發展，除了最主流的 OpenSea 以外，還有眾多選擇，各平台也有各自的特色及機制，某部分更專攻高階及極稀有的 NFT。

有意投資或收藏 NFT，除了 OpenSea 以外，也要記得下面為你推薦的五大平台！

平台	公鏈	佣金
LooksRare https://looksrare.org/	以太坊	2%
Magic Eden https://www.magiceden.io/	Solana	2%
SueprRare https://superrare.com/	以太坊	15%
Nifty Gateway https://niftygateway.com/	以太坊	首次及二次銷售收取 5%
Rarible https://rarible.com/	以太坊、Tron、Flow	2.5%

結語

　　在這麼多 NFT 系列當中，我們確實也能看到許多 NFT 系列有被賦予不同的好玩元素，如遊戲公會認證、早期社群參與者空投 NFT，以及特定數量的 NFT 可以鑄造更加稀有的 NFT 系列等。NFT 市場逐漸與 GameFi 生態、DeFi 協議有更多結合的可能，也許 NFT 市場不會一直都這麼火熱，市場終究會有回歸稍微冷靜的時候。但是可以樂見的是，未來將會有更多新奇的元素出現於加密貨幣市場中，聚合不同市場的流動性，將不同的社群如創作者、遊戲玩家、偶像藝人的粉絲社群結合在一起，創造出更多元化的 NFT 生態。

開通帳戶	支援錢包	通用幣種
到平台點擊「Connect」連結錢包即可進行交易	MetaMask、Wallet Connect、Coinbase Wallet	ETH、WETH
在 Magic Eden 按「Connect Wallet」即可連結錢包並進行 NFT 購買、銷售和鑄造	Phantom、Slope、Solfare	SOL
到 SuperRare 頁面連結錢包，並且以電郵地址創建帳戶即可在平台進行交易	MetaMask、Fortmatic、Wallet Connect	ETH
到平台點擊「Sign Up」創建帳戶即可購買 NFT 作品	MetaMask	ETH、信用卡
用戶毋須創建帳戶，只需要連結錢包即可在頁面按「Create」創建作品	用戶可以註冊相應不同公鏈的錢包連結鏈上 NFT 市場	ETH、TRX、FLOW

3.2 在幣安上購買 NFT 的優點？

幣安 NFT 交易平台於 2021 年 7 月正式推出，是一個基於 Binance Smart Chain 的數位藝術品和收藏品的平台，由幣安的區塊鏈設施和社群支持，為創作者及投資者提供非同質化代幣的流動性。

現時，幣安 NFT 平台共有三大類別的發展導向：

1.Marketplace 交易市場：用戶可以在交易市場內進行 NFT 的鑄造、買賣及投標 NFT 商品。

2.Gaming/IGO 鏈遊 IGO：幣安推出的首次遊戲資產發售（Initial Game Offering , IGO），為 GameFi 遊戲玩家建立資產交易平台，當中包括體驗通行證、隨身物品、獨家遊戲裝備等。

3.Mystery Box 隨機盲盒：用戶可以購入含不同稀有度的 NFT 神秘盒，更有機會獲取超級稀有的作品。

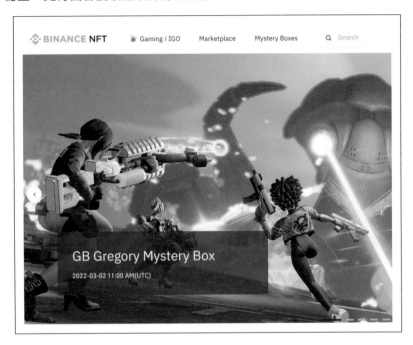

既然 OpenSea 已是 NFT 市場的龍頭，為何需要考慮幣安 NFT 市場呢？主要有三大優點：

一、支持多幣種 易於使用

用戶只需使用幣安帳戶，即可到幣安 NFT 平台進行交易，平台支援 BNB、BUSD 以及 ETH 幣種。

除此以外，幣安 NFT 平台支援多種支付渠道，用戶可以利用信用卡充值幣安錢包，繼而使用代幣購買 NFT 資產。

NFT 投資攻略

二、幣安生態鏈支持

幣安作為全球交易量最大的加密貨幣交易所，背後有可靠的技術團隊、穩固的流動性基礎，更有幣安鏈生態系統支持。現時打造的 NFT 平台，亦匯集了不少頂級創作商品。

三、幣安主動審核上架 NFT

幣安 NFT 市場由幣安自身營運，意即代表能夠上架及交易市場的商品，都是經過幣安團隊的嚴格審核，通過辨識市場最佳項目，用戶能領取優質 NFT 作品，避免購入版權有問題的項目。對比 OpenSea 作為開放式市場，讓任何用戶都可以發布自己創作的 NFT，更有質量保證。

I. 如何在 Marketplace 上購買 NFT

Step 1: 註冊帳戶，進入幣安 NFT 平台

在幣安上購買 NFT 非常簡單，你不需要像其他平台般必須有自己的區塊鏈錢包（當然如果你想將 NFT 發送到自己的錢包就需要了）。只需要在 Binance 的現貨帳戶上有 BNB、BUSD、ETH 餘額就可以在 Binance 的 NFT 市場上購買 NFT。

需要留意的是，用戶在幣安註冊的帳戶必須完成身份驗證（kyc），方可使用同一帳號登入幣安 NFT 平台。

Step 2: 瀏覽幣安 NFT 市場

透過幣安網站或 App 介面進入「Binance NFT」的頁面,選擇「Marketplace」後,用戶就可以看到一系列的 NFT 展示在網頁上。

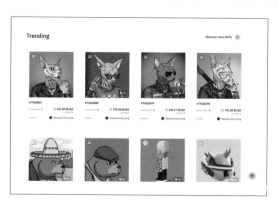

此外,每個 NFT 商品附有產品描述和藝術家介紹。買家可以透過這些資訊在下標或購買前了解作品,以及其熱門程度。

Step 3: 出價或以固定價購入 NFT

在選擇了自己喜愛的 NFT 後,你可以看到這個 NFT 的出價或成交歷史,也可以在這頁出價或者直接購買 NFT。

在幣安的 NFT 市場上交易有兩個模式,分別是「固定價格」和「拍賣」。在「固定價格」模式,用戶可以直接以賣方列出的價格購買這個

NFT。在「拍賣」模式,
用戶就需要在拍賣完結前
出價,出價最高的最後就
能成功投得這個 NFT。

Step 4: 查看記錄

那購買 NFT 後,怎樣查看自己的購買記錄呢?很簡單,只要點擊自己的用戶頭像,再選「History」後,大家就能看到自己在幣安 NFT 平台上購買或者出售 NFT 的記錄。

Item	NFT Name	Network	Status	Amount	Price	Order ID	Time
	Chaiyo	BSC	● Completed	1	◎ 13 BUSD ≈ $ 12.99	495890801754378240	2021-09-30 17:33:00
	Elephabet	BSC	● Completed	1	◎ 7.5 BUSD ≈ $ 7.50	493475219382566912	2021-09-24 01:34:21
	Sky Blue Costume	BSC	● Completed	1	◎ 6.95 BUSD ≈ $ 6.95	492387804723068928	2021-09-21 01:33:21

Orders — Purchase History　Sales History　Bidding Orders　Deposits　Withdrawals　Distribution

II.IGO:NFT 遊戲首發

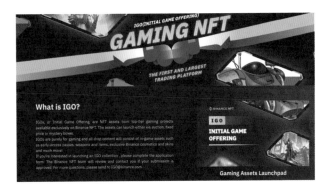

在幣安的 NFT 市場上,有一個特別的功能「IGO」。IGO 其實就是 Initial Game Offering 的縮寫,一些將會推出的熱門遊戲(大多是 BSC 鏈上的 GameFi 遊戲)會在幣安 NFT 市場上舉行 IGO,優先發售一些遊戲內的道具或角色 / 英雄 / 寵物 NFT,如果能搶購到這些 NFT,價格可能會馬上翻幾倍,但一般都會很快被搶光。

III. 盲盒:有機會抽到罕見 NFT

　　在幣安 NFT 市場上,還有一些盲盒公開發售,這些都是和幣安合作的項目,可以在這裡以第一手的價格買到不同遊戲或者項目的 NFT。

　　NFT 盲盒其實就像隨機抽獎一樣。買家購買的盲盒含有神秘的 NFT 作品,只有在打開盒子時才會揭示。這類盲盒商品會分為超級、超級稀有(SSR)、超級稀有(SR)、稀有(R)和正常(N)的稀有度。

　　此外,不少盲盒系列都是限量發售的,視乎作品的熱門程度,有些可能在開售後數分鐘內就會售清。

　　2021 年 11 月,幣安推出「StarShark」項目,為 Binance Labs 投資的鏈遊。StarShark 在幣安推出星鯊盲盒。每個原價為 30 美元的盲盒。上線後即被搶購一空,交易市場的地板價更一度上漲至 800 - 900 美元。

帳戶限制：用戶須按需要調整

為了保護用戶，幣安 NFT 市場會為用戶設置部分預設限制，例如每日購買和出售 NFT 的數額有一個固定的限額，如果想更改就要於 Account Limit 當中更改。

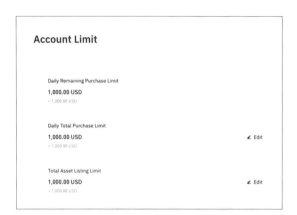

過往幣安有哪些回報不俗的 NFT ？

幣安在首次啟動 NFT 交易平台當天，推出了高級作品拍賣會，更展出了普普藝術開創者 Andy Warhol 原創畫作「三幅自畫像」。幣安亦推出「100 位創作者」系列，台灣偶像男團飛輪海的前成員炎亞綸的作品也在其中。

幣安亦宣布與知名韓國藝人經紀公司「YG 娛樂」建立合作伙伴關係，並為旗下藝人包括 Blackpink、Bigbang、2NE1、iKON、Jinusean 等建立以創作者為主的 NFT 生態系統，喜歡韓國音樂的你絕對不能錯過！

幣安 NFT 優惠：
支援幣種較多 BSC 手續費相對低

對於新手而言，要在幣安 NFT 平台投資 NFT 可謂是「一站式」而便利且快捷的體驗。

目前，幣安的 NFT 數量當然不夠 OpenSea 的多，但在手續費、支援幣種以及版稅三個領域而言，幣安都能夠提供較優惠的待遇予買家、賣家及創作者。加上幣安智能鏈（BSC）的交易費用低廉，相信將有更多具質素保證的項目加入合作，令其 NFT 生態更為蓬勃。

3.3 Solana NFT 購買攻略

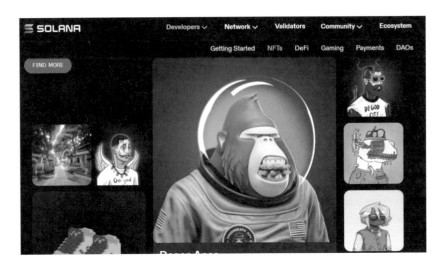

　　NFT 交易的區塊鏈目前主要分為以太坊及 Solana 兩大陣營，以太坊勝在歷史悠久、用戶量大；而 Solana 雖然是後起之秀，卻挾著「ETH最大對手」、「以太坊殺手」之名，漸受一眾 NFT 新手的歡迎。

　　隨著 NFT 持續火熱，使用以太坊區塊鏈的 OpenSea 光是 2021 年8 月份手續費收益就高達 2 億美金。但每次以太坊交易手續費動輒 3-4美金，對於小戶投資者來說實在不是非常親切，而最近恰逢 Solana 生態爆發，所以近期也有非常多團隊選擇在 Solana 上發布 NFT 項目，然而不管是交易市場、潛在風險都與以太坊上的 NFT 市場稍有不同，就讓筆者透過這篇文章告訴你箇中奧妙吧。

Solana NFT 哪裡找?(長期挖掘)

首先我們可以先在 Solana 的官網網站上看看目前生態系當中,
NFT 主題的團隊有哪些?

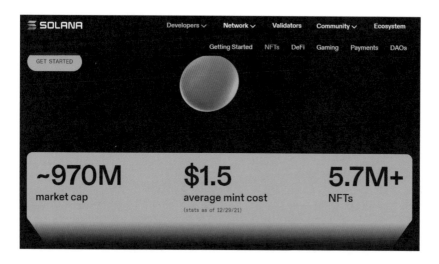

截至 2021 年 12 月底,在 Solana 上發布的 NFT 項目已超過 570 萬,
市場總值超過 9.7 億美元,而每個項目的平均鑄造費(Mint Cost),
則是 1.5 美元,規模非常龐大。

除了有這些現成的網站可以參考之外,留意 Twitter 也是一個非
常不錯的方法,許多有心發展的 NFT 項目都會在前期舉辦許多「Free
NFT Giveaway」的活動,或是與其他項目的團隊互動,而如果可以早
期加入這些項目的 Discord,時常都會有一些意想不到的收穫!

Solana NFT 哪裡找？(短期挖掘)

　　短期挖掘項目主要可以分為兩種，一種就是透過市場熱度、交易量、地板價判斷該項目有無炒作價值，但這種做法較為進階，比起我們直接透過一級市場鑄造 NFT（Mint），於二級市場接盤 NFT 本身風險也偏高，因為 NFT 市場的流動性一般來說沒有這麼高，需要特別對項目有所研究才容易賺取不錯的報酬。

I. Solana 交易平台簡介

1.Solanart

https://solanart.io/

　　Solanart 是第一個主流的 NFT 交易平台，元老級的 NFT 團夥如 Degenerate Ape Academy、SolPunks 都在這一個平台上架，介面好用，有交易量、地板價、上一筆成交價等數據顯示，同時首頁也有即將上架、最近上架及火熱 NFT 的區塊。

　　不過 Solanart 上頻傳有人會透過賣假貨的方式進行詐騙，請在購買時務必點擊先前的成交歷史查看是否為同一件商品，如果出現「Error」字樣請不要繼續進行購買。

2.DigitalEyes

網址：https://digitaleyes.market/

DigitalEyes 為第二個 Solana 上的主流 NFT 交易平台，背後與 Solarian 這一個機器人系列 NFT 的開發團隊為同一批人馬，持有 Solarian 不僅可以獲得 Digitaleye 的平台交易手續費分成，同時有機會獲得即將上架 DigitalEyes 的 NFT 項目預售名額或是白名單（VIP）等機會，Solarian 算是少數 Solana 上有賦能的 NFT 項目。

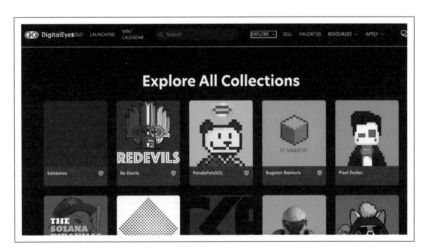

DigitalEyes 上較少有出現賣假貨的情形，通常透過系列選取便不會有問題，唯獨目前仍有幾個小缺點，像是無法直接透過輸入 NFT 系列名稱搜尋，以及掛單買賣 NFT 時常會有過久的等待時間。

目前的 NFT 系列交易流動性主要都是在上述兩個交易平台上，所以當你找不到你想要交易的 NFT 時，前往另一個 NFT 交易平台準沒錯。

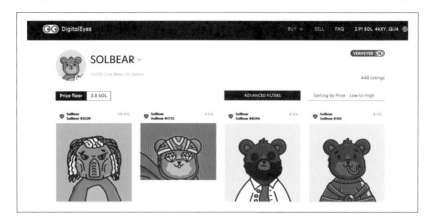

II. 必備工具網站

1.Solanalysis：NFT 市場數據分析網站

網址：https://www.solanalysis.com/

以太坊上有 rarity.tool 及 nft-stats.com，Solana 上當然也有 Solanalysis 這一個網站較類似於 nft-stats.com 的網站，可以清楚看到現在熱門的 Solana NFT 的市場變化，如地板價、成交變化以及平均價格變化等，非常適合用來判斷目前的市場熱度為何，再決定是否進場。

#	COLLECTIONS (SUPPLY)	AVG PRICE (24H)	PRICE % CHG (24H)	MARKET CAP	VOLUME (7D)	VOLUME % CHG (24H)	FLOOR PRICE	TWITTER FOLLOWERS
1	Degenerate Ape Academy 10,000	130 SOL	-15.47%	$235,817,473	$34,431,667	-33.15%	82 SOL	47,025
2	Solana Monkey Business 5,000	73.3 SOL	-3.16%	$66,480,707	$6,109,939	-41.02%	49 SOL	21,099
3	Aurory 10,000	32.1 SOL	-1.30%	$58,269,738	$65,517,592	2.65%	23 SOL	75,488
4	SolPunks 10,000	23.4 SOL	-12.84%	$42,477,809	$13,778,083	-40.15%	17 SOL	14,889
5	Frakt 10,000	20.3 SOL	-3.04%	$36,845,650	$8,392,539	-64.18%	12 SOL	22,081

幫我們整理最近還有哪些 NFT 項目即將上線，是 Solanalysis 另外一個不錯的功能，可以在這裡看看近期還有哪些機會以免錯過新一波的機會。

2. howrare.is：NFT 稀有度查詢網站

網址：https://howrare.is/drops

howrare.is 可以說是 Solana 版的 rarity.tool，在這裡你可以查詢現今較熱門 NFT 系列的稀有度。

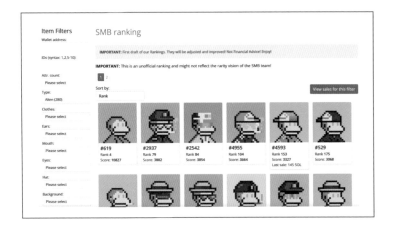

NFT 投資攻略

　　你可以透過特定條件的篩選，來分析目前該品種的市場熱度及排名；同時，按下 「View Sales for this filter」 之後，更可以看到目前這一個分類在市場上的平均售價、最低價、最高價為何，決定是否該買入或是賣出。

　　而 howrare.is 一樣也有為我們整理未來即將上線的 NFT 項目有哪些，功能非常實用。

結語

　　截至 2022 年 1 月底，用以太坊的 OpenSea 佔全球 NFT 交易率達到 97%，然而 Solana 上結合 NFT、GameFi 的項目還是有許多可以期待的，像是最近十分火紅的 FTX IEO 項目 Star Atlas 便結合了 Metaverse、NFT 以及 DeFi 等元素，為玩家打造一個內建元宇宙生態的宇宙戰艦 RPG 遊戲，於開盤到最高點有著近百倍的漲幅；再來則是眾多 VC 投資的日本風格 RPG 遊戲 Aurory，搶購到開盤也有超過 50 倍的漲幅，十分驚人，證明市場上還是有許多優質的項目等待大家的挖掘。

附錄：10 大熱賣 Solana NFT 項目

排名	NFT 項目	交易量（美元）
1	Degenerate Ape Academy	$120.22M
2	Solana Monkey Business	$106.83M
3	Aurory	$79.53M
4	GGSG	$52.58M
5	Shadowy Super Coder	$45.34M
6	SolPunks	$34.35M
7	Solsteads	$25.99M
8	Bold Badgers Squad	$22.78M
9	Infinity Labs	$15.77M
10	Rogue Sharks	$14.44M

資料來源：Dappradar（2022.2.21）

Degenerate Ape Academy

Solana Monkey Business

Aurory

3.4 NFT 八大實用數據平台

從新手到進階

　　如果對 NFT 毫無概念，或不認識 NFT 的基本市場機制，在入場之前，筆者非常建議你看看以下各種工具，以及所對應的不同數據。特別是稀有度／熱度、過往交易量、平均交易數據等數字，絕對可作為最基本的投資判讀。

1. Rarity：界面簡單 數據清晰

網址：https://rarity.tools/

　　Rarity Tool 是一個可以直接按照 NFT 系列，參考稀有度進行排名以及相對應價格的數據平台，平台中你可按照現今 NFT 的交易量、市場熱度了解目前 NFT 系列的排名。

　　用戶可以搜尋 NFT 系列，按照個別 Property 進行篩選，找出相對低估、或是針對某些特徵而想要入手的 NFT， 亦可以針對特定價格範圍、特定排名範圍進行篩選。

　　有了上述資訊，NFT 蒐藏家或投資者可更容易評估及比較個別 NFT 的相對價值，用戶亦可透過 Rarity.Tools，查看市場中即將進行銷售的 NFT 系列相關資訊。

2. Trait Sniper：提供 Google Chrome 插件

網址：https://www.traitsniper.com/

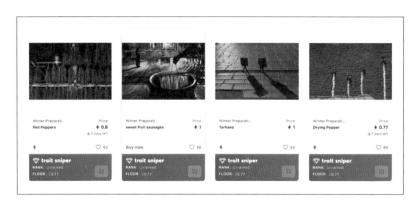

　　Trait Sniper 具有「Rarity Tool」的功能，可以針對 NFT 系列個別的特徵進行篩選，同時也有針對 NFT 系列不同時間維度的交易量資訊，剛公佈的 NFT 系列在 1 小時後就可以在 Trait Sniper 上取得公開資訊。

　　當中亦有一些付費功能可使用，Trait Sniper 的好處在於能直接作為 Google Chrome plugin 插件使用，透過 Google Chrome 商店下載便可以像 MetaMask 一樣直接安裝於瀏覽器使用。

　　安裝 Trait Sniper 插件後，可直接在 OpenSea 上查看各個 NFT 系列地板價、稀有度等，非常適合慣常使用 OpenSea 的 NFT 玩家。

3. NFT GO：提供較多宏觀數據

網址：https://nftgo.io/

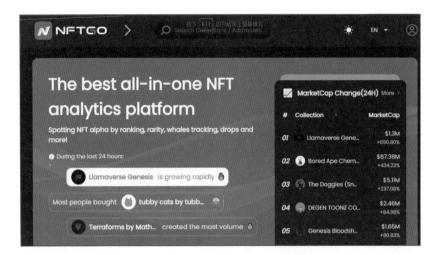

　　NFT GO 是另一個非常全面的 NFT 鏈上數據分析網站，可以直接觀看各種 NFT 宏觀市場走勢數據（Analytics - Market Data），如 NFT 每日市值變化、NFT 日交易量變化、NFT 持有者人數變化之外，更可以如其他網站一樣針對不同 NFT 系列，進行更進一步的數據研究（Analytics - Data）。

　　特別的是，NFT GO 與另一付費數據網站 Nansen.ai 一樣，提供同一 NFT 系列中不同交易點的歷史數據，幫助 NFT 買家更快了解某 NFT 系列於市場上的熱度。同時也有針對 NFT 大戶的數據，如某一特定時間當中的大戶交易、Mint 的 NFT 系列等等。

4. Nft-stats：平均數據 清晰整潔

網址：https://www.nft-stats.com/

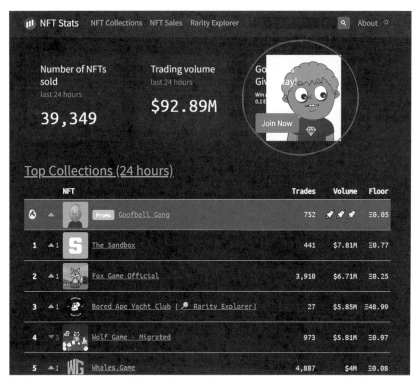

　　對於個別 NFT 系列隨著時間變化的價格及交易量走勢圖來說，NFT-Stats.com 在這方面做的很好，更特別適合針對研究單一 NFT 系列，除了可看到市場有哪些最近火熱的 NFT 系列，也可以根據不同時間維度進行篩選。

　　另外，當中還有最高價排名榜單可查看，可觀察有哪些 NFT 系列是有大戶正在掃貨或布局，Rarity Explorer 的功能則是一樣可以讓你透過特定條件，對單一 NFT 系列進行檢視，不過更新速度不如 Rarity tool 及 Trait Sniper。

5. Icy.Tools：圖形化 交易量一目瞭然

網址：https://icy.tools/

　　Icy.Tools 是一個 NFT 數據追蹤平台，用戶可以在平台中查看目前市場熱度最高的 NFT 系列中的相關數據，包含最新底價，交易量、歷史交易、平均交易價格及相對市值等數據。

　　Icy.Tools 同時也有七日交易量的圖形可以查看，一目瞭然不同 NFT 系列的市場熱度變化，Icy.Tools 的付費功能亦有更細緻的時間數據記錄、包括個別錢包地址追蹤、買進價格點位歷史圖等相關數據。

6. Nonfungible：早期網站 新手常用

網址：https://nonfungible.com/

Nonfungible.com 針對 NFT 市場的宏觀數據，是較為早期的 NFT 數據網站，網站中可以直接看到七天內的歷史最高成交價以及相應的 NFT 系列。

其他數據則包含 Top NFT projects 的七天交易量、交易總值，歷史總成交個數，同時可針對不同的 NFT 系列作分類，包括收藏品、元宇宙、遊戲、藝術品等。

7. NFTbank.ai：可助用家分析盈虧

網址：https://nftbank.ai/

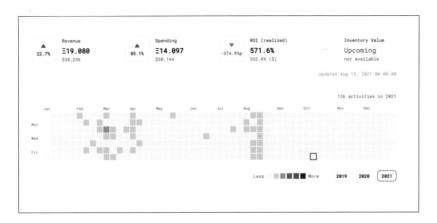

NFTBank.ai 可自由透過與自己錢包連結，再輸入其他鏈上地址，查看不同地址對應的 NFT 資產總價值（portfolio value），亦可看到 NFT 資產收益（Revenue）、NFT 資產總花費（Spending）、NFT 資產的已實現報酬 ROI（realized），以及錢包目前的 NFT 庫存價值（Inventory Value）。

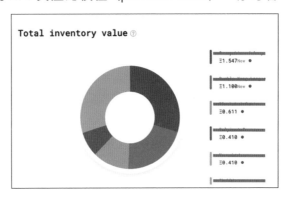

網站幫助 NFT 玩家更進一步分析交易盈虧，同時亦可查看 NFT 交易熱度歷史圖，不過有關價格數據只能稍微參考，因當中大部分 NFT 價格只參考該 NFT 系列的地板價。

8. Duneanalytics.com：
進階工具 可以 SQL 視覺化數據

網址：https://dune.xyz/home

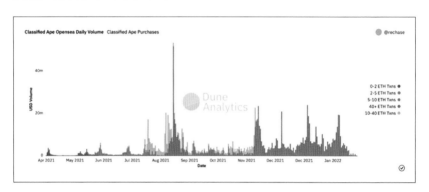

　　Dune Analytics 是更為進階數據平台，用戶可使用 SQL 語言視覺化鏈上數據的工具，相對其他專注於 NFT 的數據平台，用戶可以在其中查詢、提取及可視化來自區塊鏈上的大量數據，操作起來更為進階且相對仔細。

　　以 NFT 市場來說，最具有參考價值的是 OpenSea 的相關資訊，如 OpenSea 的日交易量、月交易量、有多少 NFT 被售出、月活躍交易用戶及每個月平台的獲取等費用，都能夠一覽無遺，適合用來判斷 NFT 市場相較於過去的高峰期、熱度高低為何等標準。

第四章

「NFT 頭像熱潮」

4.1 NFT 頭像熱潮

從個人頭像到 NFT 頭像

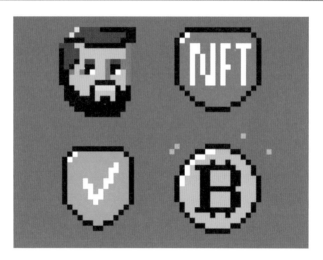

　　如果要數 2021 年最有名的 NFT 交易，華語地區俗稱「無聊猿」的「Bored Ape Yacht Club」必然榜上有名，其中編號 #8817 更以高達 340 萬美元成交。當此消息傳出，各界不禁驚訝原來 NFT 受追捧的程度竟已至此，亦同時引來更多質疑，一張圖片格式的「頭像」，為何值得數百萬？ NFT 頭像又緣何成為炙手可熱的話題？

#8817

「NFT 頭像」很無謂？不,「頭像」才更無謂!

探討 NFT 頭像之前,我們首先來回顧甚麼是「頭像」(icon)。

較為年輕的讀者可能甫出生,已經活在有網絡論壇、Blog /部落格、Facebook 與 Whatsapp 的世界裡,但像筆者這種上年紀的大叔,就曾經活在一個不需要任何頭像的網絡時代裡。

早期的電郵、桌面通信軟件當中,根本沒有「頭像」此一概念,因為要在當年簡陋的系統中加插一張清晰的圖片檔,可不是那麼容易。到後來有線上遊戲,自製角色可選擇的頭像也只有那麼幾個,而且像素非常低。

「頭像」對於網絡活動而言,其實是非必要的,因為用戶名稱、用戶 ID、電郵地址等資料已經足以辨識網絡身份。「頭像」的存在,是出於對網絡活動體驗的一再提高,特別是我們希望拉近真實社交體驗與網絡社交體驗的距離,讓更多網友「認得」我們。

以 NFT 頭像展現線上自我

筆者還記得,香港在 2000 年代中期興起首波網絡論壇熱潮,那時甚至有「製作個人論壇頭像」的收費服務,也不知道有沒有人真的會光顧,但如果將這種個人化網絡體驗推到極致,其實就是今天的 NFT。

看到這裡,你也許就會略為理解為何會有人購買 NFT 頭像(不能理解成交價則是正常的)。我們先撇除 Bored Ape Yacht Club,CryptoPunk 頭像等等天價的頭像,目前在不同的平台如 OpenSea 或 Solanart 上,仍買到較為低價的 NFT 頭像,百貨應百客,有人希望能夠購買獨一無二的圖像代表自己,那也可說不足為奇吧?

不可逆的個人化網絡趨勢

回想過去二十多年的網絡發展史，由傳統的 Web1.0，到以社交媒體平台及互動體驗主導的俗稱 Web2.0，個人化已顯然成為了大方向。Facebook、Instagram 及 Twitter 能夠崛起，正是能夠在大體能保障最核心私隱的前題下，提供幾乎完全貼近個人生活的社交資訊體驗。

如果我們相信這項趨勢是不可逆的，不論未來仍是否由同樣的幾家巨企主導，那網絡上的個人化只會繼續，不會倒退。NFT 頭像確實只是一個圖案，但與其他 NFT 視覺藝術的差別，正在於其非常強調「獨特性」，由明星藝人購買到發行 NFT 頭像的熱潮更是可見一斑。

假設現時市場俗稱的元宇宙與 Web3.0 繼續開發，進一步提升個人的網絡體驗，同時在普及的前題下有更相宜的入場門檻，那麼 NFT 頭像或許就不只是用來炒賣，而能夠真正改變人類的網絡體驗。

4.2 NFT 頭像發展史
+6 大經典頭像系列介紹

不論你是否有留意加密貨幣或者 NFT 的話題，你都可能聽說過不少名人紛紛推出或轉用 NFT 頭像。

周杰倫品牌合作推出的 NFT 頭像開賣後 40 分鐘售罄；Mirror 成員 Ian、林俊傑等轉用 Monkey Kingdom 頭像；韓國人氣男團防彈少年團 BTS 也正式計劃推出 NFT 項目。到底 NFT 頭像是甚麼？為甚麼 NFT 頭像會受名人追捧？有哪些紅極一時的頭像系列？

NFT 投資攻略

I. NFT 頭像發展史

NFT 頭像的起源：CryptoPunks

世界上第一個 NFT 項目誕生在 2017 年，是當年在以太坊發行、名叫 CryptoPunks 的像素頭像項目，它是由創辦人 Matt Hall 和 John Watkinson，在 2017 年編寫的一套程式，令電腦自動繪製一萬幅 24x24 pixel 的龐克頭像面世。

每一幅頭像都是獨一無二，他們將頭像放上以太坊區塊鏈，成為一萬幅非同質的加密資產。直至 NFT 概念興起，這一萬顆頭像即成為炙手可熱的高價投資品。

NFT 頭像的核心技術：舉世獨一無二

正如前文所述，NFT 雖然也是加密貨幣，但是每一枚 NFT 都是獨一無二，並且不可分割。任何數碼檔案都可以成為 NFT，一張圖、一段錄音、一段影片甚至一粒音符，都可以在完成手續和付 Gas Fee 後，在 NFT 平台推出。

NFT 頭像是自動生成技術的產物，卻又能夠舉世唯一，與 NFT 不可替代的核心理念不謀而合，因此面世後不久，立即就成為市場爭相炒賣的目標。

成為了 NFT 的數碼頭像，就像擁有鑑定書的藝術品一樣，即使你買入的只是一張貴價 JPEG 檔案，而且網絡上任何人都可以複製這個檔案，但是只要它擁有「出生證明書」，它就是唯一的、值錢的、有價值的那一張，就和藝術品的「正本」和「複製品」概念一樣。

為甚麼 NFT 頭像受到名人追棒？

　　最大的原因當然是經濟因素，名人但凡擁有豐富資產，大多都希望投資獲利，正如各大藝術拍賣行總有名人的身影。當 NFT 頭像成為了炙手可熱的收藏品後，不少名人亦趁機入市，以望令資金升值，再加上 NFT 本來就是市場熱話，購入或持有 NFT 頭像的名人，都總會造成市場話題，為名人帶來更多名氣。

　　NFT 頭像亦能為買家創建群體認同感，持有 NFT 頭像在一定程度上表達持有人對於某個 NFT 概念的支持，為買家創造更好的身分認同和社群體驗。例如 Bored Ape Yacht Club 和 CryptoPunks 系列，只有頭像持有人才能夠進入私人社群享受鎖定內容的專屬權利，以及參與線下私人活動。所以 NFT 頭像也是一種身分象徵。

II. NFT 頭像經典

一、CryptoPunk 頭像始祖

　　CryptoPunks 由位於紐約的 Larva Labs 實驗室推出，作為 NFT 始祖，一開始是以 ERC-20 代幣協議發行，後來推動了現時用於 NFT 的協議 ERC-721 的誕生。

NFT 投資攻略

CryptoPunks 頭像總共有一萬顆，當中有 3,849 名龐克造型的女性和 6,039 名男性，另外還有少量稀有造型：猿人、殭屍和外星人，這些頭像全部由電腦演算法畫出，每一顆都獨一無二。

剛推出時，只要擁有以太坊錢包又願意支付 Gas Fee 的人，便可免費領取這一萬顆頭像其中的 9,000 顆。現時若果想擁有任何一顆 CryptoPunks 頭像，則需要使用以太幣購買，並且價值不菲。Larva Labs 在 CryptoPunks 網站上推出了交易平台，買家可以自行在網頁上出價買賣頭像，也可以到 OpenSea 平台上購買。

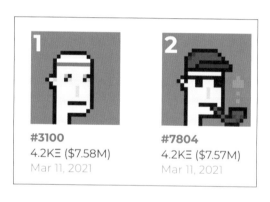

CryptoPunks 作為最高價的 NFT 系列（總共價值 19.1 億美元），更加創下第二和第三高價 NFT 交易紀錄，代號 #7804 和 #3100 的頭像皆以 4,200 枚以太幣售出（約分別價值 757 萬美元和 758 萬美元）。

二、Monkey Kingdom 以西遊記為藍本

Monkey Kingdom 系列總共推出 2,222 張 32x32pixel 的 NFT 頭像，並於 Solana 區塊鏈發行。該系列 NFT 頭像的創作意念受啟發於孫悟空的故事。

故事設定：事緣花果山水簾洞美猴王齊天大聖孫悟空，被如來佛祖鎮壓在山下 500 年無法逃脫，憤怒的悟空下定決心向佛祖報仇。悟空具有多種法力，包括變身，為了不再被佛祖捉住，悟空變出 2,222 個不同版本的自己，不過身為 NFT 界巨鯨的佛祖卻將全部 2,222 個悟空化作 NFT 困在 Solana 區塊鏈內，又將這些被囚禁的悟空命名為 The Monkey Kingdom 系列。

全系列的悟空在推出後 2 分鐘內已經銷售一空，現時可以在二級市場購買。團隊致力於打造一個亞洲 NFT 社群，後來再推出 The Baepes 系列，由 2,221 張女版悟空組成。

三、Bored Ape Yacht Club 強調社群理念

Bored Ape Yacht Club（BAYC）無聊猿系列由一萬隻無聊猿組成，並於以太坊發行。

一萬隻無聊猿總共由 170 種表情、頭飾、衣服等特徵組合而成，某些猴子特別稀有。每隻頭像原始售價是 0.08ETH，現時可以在 OpenSea 購買，總價值已經達至 32.62 萬 ETH，成為第二高價值的 NFT 系列，單個 NFT 頭像（#2087）曾經創下 769ETH（294 萬美元）的高成交價。高價值但相對 CryptoPunks 頭像便宜，令 BAYC 成為最受歡迎和交易次數頻繁的 NFT 頭像。

無聊猿的擁有人同時擁有 BAYC 的會員身份和會員獨有福利，例如只有會員能夠進入的 The BATHROOM 社群塗鴉板，這個 NFT 系列強調社群精神，由於凝聚起了強大的社群意識，BAYC 被視為對 NFT 藝術史有重大意義。

四、Phanta Bear 周杰倫加持

　　Phanta Bear 由數位娛樂平台 Ezek 聯合周杰倫旗下潮牌 PHANTACi 發佈的 NFT 項目，合共推出一萬個電腦生成的 Phanta Bear 頭像。Phanta Bear 在 2022 年 1 月 1 日早上 11 時發佈，40 分鐘內 1,000 個 Phanta Bear 已經售罄，售出總價值近一千萬美元，推出不久已經位列 OpenSea 所有 NFT 系列總交易額中的 43 位。

　　系列中每隻熊都穿著 PHANTACi 獨特設計的衣服和飾物。購買 Phanta Bear NFT 頭像會同時擁有 Ezek 俱樂部的會員卡，可享有會員獨有權限和福利，例如全球 PHANTACi 商店購物九折。

五、YOLO Cat 台灣歌手阿零九參與

YOLO Cat Club 系列由歌手陳零九夥同 FOMO Dog Club 技術團隊合作推出，於以太坊發行，2022 年 1 月 9 日正式發售。系列總共有 999 個 NFT 頭像，只有 249 個公開發售，暫時總交易價值為 698ETH。

YOLO Cat 初始發售時惹起爭議，團隊宣布 NFT 的正式發售時間是 13:30，但 NFT 在一分鐘前的 13:29 已經顯示全部售罄，令社群懷疑存在內線交易。團隊解釋事件是溝通問題，而非技術問題，團隊準備在約 13:30 時釋出合約，剛好當時以太坊運載速度較快，以致提早釋出 NFT，但公告時未有向社群解釋清楚。團隊又補償合共約 7 萬美元的 Gas Fee 予未鑄造成功的用戶，以及補償免費抽 3 個 YOLO Cat NFT。

六、 Lucky Kittens 由香港團隊推出

Lucky Kittens 是由香港團隊推出的 NFT，在 2021 年 12 月 12 日首次釋出，於 Solana 發行，外形受招財貓形象啟發，發行數量合共為 5,888 隻。

初售價格為每隻 0.88SOL，經已全部發售完畢。若想擁有一顆 Lucky Kittens NFT，則需要到二級市場 Magic Eden、Alpha Art、Moonverse 購買。

III. NFT 頭像是泡沫嗎?

這個問題由 2017 年 CryptoPunks 興起以來,已經是市場的熱話。實際上我們要明白,任何自由交易的投資產品,本身就具有一定投機性,特別是新興的熱潮,更容易因為市場追捧而造成高比例的溢價。

與其思考 NFT 到底是不是泡沫,不如告誡自己,在購買 NFT 頭像之前,要仔細留意其背後的發展理念,千萬不要因為道聽塗說輕易購入NFT。

IV. NFT 頭像購買教學:可使用 OpenSea

目前規模最大、最多人使用的 NFT 交易平台 是 OpenSea。 要 在 OpenSea 購 買 NFT,你首先需要擁有一個加密貨幣錢包(例如 MetaMask),並且將錢包連接到 OpenSea。

進入 OpenSea 的頁面後,你可以從「Stats」中的「Rankings」看到各系列 NFT 的交易價值總量、擁有人數以及發行數量。

搜尋或點擊進入你屬意的 NFT 頭像系列,你可以開始選擇你心儀的 NFT 頭像,然後購買。OpenSea 提供「Buy Now」 或者「Make Offer」兩種購買方式,各有優劣,詳細資料請查看第三章《從如何從OpenSea 購買你的第一個 NFT ?》。

附錄：NFT 頭像被盜的案例

較著名的 NFT 頭像被盜案例，有不少是盜竊人在 Discord 上假扮 NFT 系列團隊成員，私訊受騙人，取得錢包控制權後，轉移錢包裡的 NFT 資產。

例如曾經有騙徒假扮 OpenSea 客服人員，向 Authentic AI 創意總監 Jeff Nicholas 提出，需要他分享遠端螢幕控制權，以協助他排除故障。騙子取得電腦控制權後，趁機打開 MetaMask 錢包，盜取私鑰二維碼並哄騙 Jeff Nicholas 獲認證許可，其後將錢包的 NFT 資產全部轉移，令 Jeff Nicholas 損失價值幾十萬美元的 NFT 收藏品。

案發後雖然能夠查看交易紀錄，追蹤盜竊人的錢包位置和被盜的 NFT 所在，但卻無辦法找到錢包背後的擁有人，而且即使聯繫 OpenSea 官方，由於 NFT 的交易是無法逆轉的，被盜的 NFT 只能被禁止交易，無法重新回到被盜人的錢包。

4.3 BAYC 無聊猿是甚麼？

教你購買價格上百萬的「NFT 猴子」！

NFT 頭像近年掀起市場熱話，俗稱「NFT 猴子」的無聊猿頭像更可以價值上百萬美元，連傳統拍賣行亦想分一杯羹，到底這 NFT 頭像有何吸引之處，有人說是藝術，有人說是泡沫，哪邊才是正確？

I. 甚麼是 NFT 猴子／無聊猿？

市場所稱的 NFT 猴子其實多指《Bored Ape Yacht Club》（無聊猿遊艇俱樂部，簡稱 BAYC），俗稱「無聊猿」（Bored Ape），該項目於 2021 年 4 月創立，總共由 1 萬款「自動生成」的不同設計、不同外觀的猿猴所組成。每個 NFT 猴子的外觀絕不相同，你可以說是類似，但亦可以說各異其趣。

II. 為何 NFT 猴子／無聊猿會備受追捧？

至於為何《Bored Ape Yacht Club》會引爆市場焦點？引來 NFT 收藏者爭相瘋搶，貴價的頭像成交甚至可達逾百萬美元？我們可由兩個原因去看：

無聊猿受到追捧的原因一、頭像概念的潮流

無聊猿其實不是第一個自動生成頭像系列，早在 2017 年，就已經有 CryptoPunks，由 Larva Labs studio 中的加拿大製作人員所建立。頭像並不是每一個都特別製作，而是經由一定的基本套件素材，再由 AI 及系統演算組合出 1 萬個設計絕不重覆的圖案。

《Bored Ape Yacht Club》／無聊猿其實是延伸了同樣的技術，只是在素材及設計上更為精緻，而且更強調每一個無聊猿頭像的獨特性。

無聊猿受到追捧的原因二、名人追捧

不論虛擬或是真實的藝術品，多半會於公眾人物持有後大幅升值。《Bored Ape Yacht Club》的持有人或曾經的持有人，則包括美國著名主持 Jimmy Fallon、富商 Mark Cuban、Timbaland、新加坡歌手林俊傑等。

III. NFT 猴子／無聊猿創下了哪些價格紀錄？

目前無聊猿系列的整體成交額已累積達數億美元，其中較罕有的頭像，更曾創下數百萬美元甚至更驚人的成交紀錄。

CASE01：
The Sandbox 購入 #3749，成交價：300 萬美元

區塊鏈遊戲公司 The Sandbox 於 2021 年 9 月中，在 OpenSea 平臺上以 740ETH 購入 #3749 號頭像，俗稱「船長」（The Captain），其時成交價已接近 300 萬美元。

CASE02：
蘇富比售出 101 個無聊猿，成交價：2,439 萬美元

拍賣行蘇富比於 2021 年 9 月的拍賣會之中，將一共 101 個無聊猿頭像整套出售，最後以 2,439 萬美元打破紀錄成交。目前未有任何信息透露買家身份，不過以平均計算，每一隻無聊猿都至少值 24.14 萬美元。

CASE03：
NBA 巨星 Stephen Curry 購入 #7990 成交價：18 萬美元

效力於 NBA 勇士隊的 Stephen Curry，於 2021 年 9 月中購入 #7990 無聊猿頭像。該頭像外觀為深藍色，相信 Stephen Curry 特別選擇了與勇士隊球衣顏色相同的頭像，當時的成交價為 18 萬美元。

IV. 如何購入 NFT 猴子／無聊猿？

一、OpenSea

任何人現時前往 OpenSea 無聊猿系列頁面，再開設錢包轉入 ETH 或 WETH，即可以競價購入不同的無聊猿頭像。

二、拍賣行

現時愈來愈多傳統拍賣行開始涉足 NFT 藝術產品，拍賣會上將有機會推出更多無聊猿圖案。不過，傳統拍賣行推出的無聊猿頭像，多半都是較為罕有的高價品，或是以套裝售出，像上文提及的 101 個無聊猿頭像整套出售，入場門檻多數極高。

附錄：無聊猿首個 NFT 頭像相關代幣

無聊猿 Bored Ape Yacht Club 於 2021 年 3 月，正式推出專屬治理代幣 ApeCoin，代幣簡稱 APE，可說是同類 NFT 頭像的先驅。相關代幣已空投予無聊猿頭像的持有人，同時亦已經上線幣安 Binance 等交易所，讓任何人正式交易。

要留意的是，APE 幣名義上並非由製作無聊猿 Bored Ape Yacht Club 的 Yuga Labs 管理，而是由 ApeCoin DAO 管理，屬另一個去中心化管理組織，而 ApeCoin DAO 的成員則是所有 APE 幣與 ApeCoin 的持有人，能夠擁有分配、治理以及對整個 ApeCoin DAO 的決策有投票權。

ApeCoin DAO 背後還有一個 APE 基金會（APE Foundation），負責確保 ApeCoin DAO 的決定及規劃能夠實行無礙。當中董事會將會逐漸由 ApeCoin DAO 投票選出。

APE 幣的用途？

目前 APE 幣的用途比較抽象，而 Bored Ape Yacht Club 官方雖然聲稱 APE 是對應 Web3.0 的代幣，也並沒有太具體的對應內容。

APE 幣官方公佈的用途包括：1）參與 ApeCoin DAO 的治理，即上文所述的功能；2）參與 Bored Ape Yacht Club 的獨家活動；3）作為整個 Bored Ape Yacht Club 生態當中的交易貨幣。

Bored Ape Yacht Club 亦有藉由 APE 幣，進一步擴展無聊猿的 NFT 生態圈及擴展應用，未來或有更多 NFT 企劃／ DeFi / DApp 能夠對接 APE 幣。

V. NFT 猴子／無聊猿對於 NFT 世界的影響

NFT 猴子／無聊猿成功帶起新一波 NFT 頭像熱潮，特別對於公眾人物或是名人的吸引力，成功令更多人注意無聊猿系列的潛力。

無聊猿之前，如 CryptoPunks 等 NFT 頭像系列，仍然屬於非常傳統小眾的 NFT 愛好者，或是少數有注意虛擬藝術的投資者玩意。自無聊猿之後，虛擬 NFT 系列頭像料將會更為受市場注意，而製作自動生成 NFT 頭像的技術，相信亦會再進一步。

VI. NFT 猴子／無聊猿的未來發展？

上文提到，Bored Ape Yacht Club 的全名其實是「無聊猿遊艇俱樂部」。其本意除了提供獨一無二的頭像之外，同樣亦旨在建立了一個簡單的會員制線上空間，以「沼澤中的隱世俱樂部」為主題，任何持有無聊猿頭像的用戶都可以登入，然後在線上空間中閒聊或是交流。

隨著更多名人及上流階級擁有無聊猿頭像，相信這個線上空間會變成了另一種形式的身份象徵，而且當中交流形式亦不會只限於文字或圖案，而會再作各方面的功能提升。

第五章
「NFT 藝術品與 NFT 奢侈品」

5.1 從傳統實體藝術品到 NFT 藝術品

自從 NFT 藝術品於 2021 年開始冒起,並創下高價成交,坊間不免充滿質疑。為何一張圖片、一段難以理解的視覺影像,會值上百萬美元?甚至比古典及當代藝術品更昂貴?

這個問題並沒有確實答案,因為即使在 NFT 未出現之前。當代藝術亦經常受到質疑,為何極簡的圖案或線條能夠稱為藝術?關於 NFT 視覺藝術品也同樣,我們以較宏觀藝術發展演變去思考,可能會較容易理解接受。

NFT 藝術品的突破

　　回顧過去歷史，不同時代都有不同新藝術風格產生，再與當時的生活潮流結合，成為藝術界追捧與大眾「炒作」的對像。最經典莫過於美國的 Andy Warhol，他的作品就是要呼應當時美國的速食廣告文化、同時對應 1960 年代的反文化運動（Counterculture Movement），所以他的作品都是簡單大型而漫畫化的印刷畫，帶著刻意的庸俗與消費品風格。

　　當去中心化網絡風潮席卷而來，NFT 藝術亦同時應運而生，不論是 NFT 頭像的 AI 生成文化，或是各種各樣的「生成藝術」（Generative Art），也是反映這個大時代的新作品。要知道為何 NFT 藝術能值得上百萬成交價，倒不如先看看 NFT 藝術前無古人的創新之處：

一、網絡形式的群體參與

　　NFT 藝術其中最矚目的突破，是完全跨越了現實世界的時空限制，不但藝術創作者可以來自世界各地，來自任何背景任何身份，甚至連藝術品的「創造過程」也如是。這是當代的裝置或跨媒體藝術也難以達到的境地。

《Merge》概念圖

　　最有名的例子是 NFT 藝術家 Pak 於 2021 年末售出的藝術品《Merge》，該藝術品概念外觀設定為一個平平無奇的大型白色球體，由細份「Mass」組合而成，每份公開認購索價 299 美元，售出的 Mass 愈多，組合而成的球體愈大。最後 Pak 成功售出 312,686 份 Mass，交易額達 9,100 萬美元。

　　你可能會覺得，嘩！騙徒手法層出不窮！可是這正是過往所有藝術品都未能做到的，藝術品的持份者不單是創作者本人，還是來自世界各地的人群，沒有任何入場門檻，也沒有任何身份背景限制，以全新的區塊鏈機制認證每個持份者，只要你理解 NFT 作品本身的理念，再付出金錢就可以購買，並親自「參與」整個藝術企劃成形的過程。

二、令公眾接觸更多創新藝術思維

　　新技術出現後，就必然會帶來新思維，從而影響藝術創作者對時代的理解。就例如 2021 年開始在 NFT 拍賣會大放異彩的「生成藝術」，泛指由非人手、以自動化技術及指定自主程式製作的藝術品，這並不是新名詞，早在 1960 年代已有相關概念。

　　直到 2021 年，Tyler Hobbs 以高價賣出多幅由其生成演算法（Generative Algorithm）所製的畫作，公眾才發現原來宣揚精巧與富有人工智能色彩的生成藝術，與 NFT 講求獨特性與內在價值的思維不謀而合，也十分貼近當下愈來愈自主智能化的機械裝置。目前已愈來愈多作者設計生成藝術的演算法，也有更多藝術家嘗試將生成藝術製作成 NFT，也許將為藝術歷史寫下豐富有趣的一筆。

　　除此以外，在 AR、元宇宙及 5G 無線網絡的發展之下，藝術品是實體或虛擬的界線將愈來愈模糊，兩者已可以有一定程度的互通，為當代裝置藝術創作帶來更多可能性。

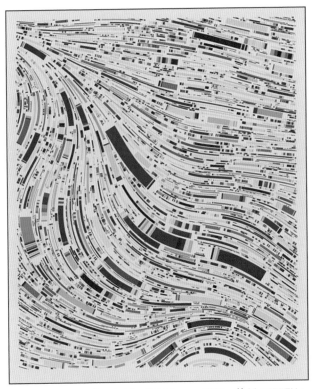

Tyler Hobbs 的 Fidenza #545，曾以 275ETH，約 76 萬美元成交。

三、找出更多來自民間的具價值作品

網絡世界向來都能抹去人生而所有的背景限制，令每一個人都能真實表達評價自我與他人。

過去即使已有不少藝術家嘗試創作線上藝術或虛擬藝術，但始終侷限於傳統的藝術策展及銷售方式。NFT 藝術品的去中心化則完全打破此一限制，只要你建立虛擬錢包及帳戶，任何人都可以製作 NFT，任何人都可以將製作好的 NFT 放到平台上銷售，任何人都可以藉由自己的創作賺取利潤。

日本小學生 Zombie Zoo Keeper 的 NFT 作品

自 2021 年至今，已至少有兩宗學童藝術家成功賣出大量 NFT 的故事，分別是日本自稱「Zombie Zoo Keeper」的小三學生，以及英國 12 歲學生 Benyamin Ahmed，兩人都是製作 NFT 頭像及圖像，放到平台上銷售，最後成功賣得一筆可觀的收入。

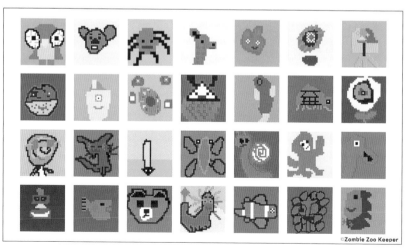

©Zombie Zoo Keeper

Zombie Zoo Keeper 系列

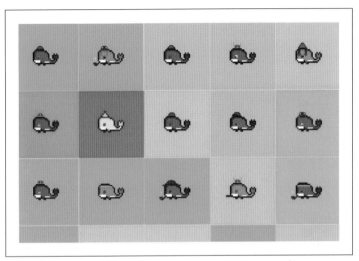

Benyamin Ahmed 作品

　　不論我們是否認同兩位年青人的作品是藝術，但這些故事在數年前都是難以想象的，單是一個孩子要在大型藝術展上拍賣作品，那就已經不可能了。未來是否會有未成名的藝術家，藉由 NFT 世界橫空出生呢？非常值得我們期待。

5.2 八大奢侈品 NFT 品牌介紹， 值得投資嗎？

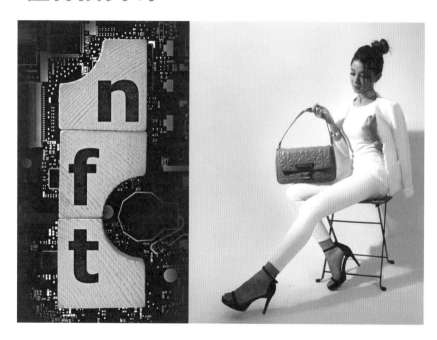

　　NFT 時尚開始蔓延奢侈品世界，眾多知名品牌如 Louis Vuitton（LV）、Gucci、Dolce & Gabbana（D&G）、Burberry、Prada 等，陸續宣布進軍元宇宙世界，踏入 NFT 領域，紛紛推出 NFT 和舉辦 NFT 相關的企劃。NFT 時尚是甚麼？為何各大品牌相繼擴展業務到 NFT 範疇？

NFT 時尚 /NFT 時裝品牌如何成為熱潮？

NFT 本來就是主打獨特性與不可替代性，這與傳統的奢侈品牌可說是天生一對。藉著近日 NFT 屢創天價成交，眾多奢侈品牌開始踏足 NFT 領域，將自身產品、形象融合數碼藝術和數碼化領域，並且利用 NFT 的社群參與特質，累積目標群體的社群參與和投入度。

同時，傳統的奢侈品牌亦可藉機融合新世代潮流趨勢，令品牌形象年輕化，有利這些傳統知名奢侈品牌，重新建立奢侈品牌的世代潮流帶領者地位。

一、Gucci NFT：意大利風格限量 250 個

Gucci NFT 夥拍數碼角色品牌 Superplastic，推出 SuperGucci NFT 系列，由 Gucci 創意總監 Alessandro Michele 聯同 Superplastic 的虛擬藝術家 Janky 和 Guggimon 合作創造。

250 個 NFT 分三批鑄造，首 10 個已在 2022 年 2 月 1 日推出。每個 NFT 附有一件獨有的義大利陶瓷藝術家手工製作的陶瓷雕塑。

Gucci 推出的首個 NFT——《Aria》影片，則在 2021 年 5 月於佳士得拍賣行以 2 萬 5 千美元成交。影片由創意總監和攝影師兼導演 Floria Sigismondi 共同創作，時長 4 分鐘，內容回顧 Gucci 過去 100 年的歷史，同時慶祝 Gucci 成立 100 週年。

二、Burberry NFT：30 秒內沽清

Burberry NFT 則選擇和遊戲公司 Mythical Games 合作，在遊戲《Blankos Block Party》中推出 NFT 遊戲角色。Burberry 推出的 NFT 角色 Sharky B 限量發售 750 個，在發行後 30 秒內售清，每個售價 300 美元，身上印有 Burberry 的 Monogram 印花圖案，手臂有「BURB」及「ERRY」的字眼。

作為 NFT 系列的一部分，Burberry 還在遊戲中推出了 NFT 配件，包括售價 100 美元的 Monogram 噴射背包、25 美元的 Monogram 臂章和 50 美元的泳池拖鞋，噴射背包限量發售 1,500 個，臂章和泳池拖鞋則限時 2 星期發售。這些 NFT 配件不限於 Sharky B 使用，也可以被其他遊戲角色穿戴。

三、Louis Vuitton NFT：通過手機遊戲釋出

　　為紀念品牌創辦人 200 歲誕辰，Louis Vuitton 在 2021 年 8 月了推出手機遊戲《Louis: The Game》。遊戲主角是 LV 吉祥物 Vivienne，背景設定在橫跨全球的 6 個城市。玩家合共需要收集 200 枝蠟燭去慶祝創辦人 200 歲誕辰，每收集 1 枝蠟燭就會獲得一張明信片，解鎖創辦人的故事和 LV 品牌的藝術設計、技術工藝的知識，收集夠 200 枝蠟燭就可以通關遊戲。

　　《Louis: The Game》 由 LV 和 WeNew 平 台 合 作 推 出，並 且在 遊 戲 內 釋 出 了 3 款，每款 10 枚，合共 30 枚 的 NFT。分 別 是《LOUIS' S BIRTHDAY – POSTCARD 1 》、《 FOUNDING OF THE MAISON – POSTCARD 34 》 和《 LOUIS VUITTON X BEEPLE SS19 COLLABORATION – POSTCARD 52 》，其中的最後 10 枚是聯乘 NFT 藝術家 Beeples 發行。這 30 枚 LV NFT 的獲取方式並非購買，而是通過遊戲獲得。由 2021 年 8 月 15 日至 9 月 13 日期間，官方每天釋出一枚 NFT，成功獲取 NFT 的玩家會在 2022 年 1 月收到 NFT。

四、Lamborghini NFT：曾上太空站再返回地球

　　林寶堅尼 Lamborghini NFT 在 2022 年 1 月 18 日於官網上宣布即將發行第一個 NFT 項目，並且限量發行 5 個。這個項目包含 2 大重要元素：實體的「太空鑰匙」作品，以及數碼 NFT 作品。

　　NFT 作品只能夠透過掃描「太空鑰匙」上的 QR code 才能取用，5 枚「太空鑰匙」鏈接的 NFT 藝術品都是獨一無二。而這個「太空鑰匙」的特別之處，就是它由碳纖維複合物質組成，更曾被林寶堅尼公司在 2019 年送上國際太空站，再返回地球。官網內容又提到項目的拍賣資訊、NFT 藝術家的身份以及更多詳情，將會陸續發放。

五、D&G NFT：結合實體及數碼時裝

　　D&G NFT 首個時裝系列「Collezione Genesi」於 2021 年 8 月在威尼斯的聯合品牌秀上首次展出。「Collezione Genesi」合共有九個項目，包括裙裝、外套、西裝、頭飾和皇冠，由 Domenico Dolce 和 Stefano Gabbana 所設計。這個時裝 NFT 系列包含實體時裝，以及數碼時裝，並在奢侈品平台 UNXD 上拍賣，9 件 NFT 合共賣出 565 萬美元。

六、Nike NFT：元宇宙世界裡的虛擬球鞋

　　Nike 早前與遊戲平台 Roblox 合作推出「Nikeland」元宇宙虛擬世界，並在 2021 年 12 月宣布收購虛擬服裝和球鞋公司 RTFKT，涉足虛擬球鞋領域。RTFKT 公司以創作虛擬球鞋 NFT 為主，曾創下 6 分鐘內出售 600 雙球鞋 NFT 的成績，合共賺取約 310 萬美元，令人期待未來 Nike 推出的 NFT 球鞋。

七、Prada NFT：將鑄造 3,000 個 NFT

Prada 在 2022 年 1 月 20 日宣布和 Adidas 聯合推出一個數碼藝術創作項目，活動項目名叫「Adidas for Prada re-source」。該項目邀請社群參與設計，任何人都可以註冊數碼錢包並且創作一個圖像，在 1 月 24 日至 1 月 25 日期間免費參與活動。

Prada 和 Adidas 會在其中隨機選取 3,000 個圖像，被選中的圖像將會作為 NFT 被鑄造出來。全部 3,000 個圖像更會由數碼藝術家 Zach Lieberman 編譯成一個馬賽克 NFT，用以太坊 ERC-721 協議發布，在 SuperRare 上拍賣。

拍賣收益的 80% 會捐給非牟利組織 Slow Factory，5% 由 Zach Lieberman 所得，剩下 15% 會在扣除拍賣費後，由所有創建圖像的參與者平分。

八、坂本龍一 NFT：將音符變成 NFT

日本音樂大師坂本龍一 NFT 則在 2021 年 12 月推出，名為「595 music notes」NFT 計劃，將他的著名音樂作品《Merry Christmas Mr. Lawrence - 2021》的主旋律部分——96 個小節共 595 個音符鑄造成 595 個獨立 NFT，在 Adam by GMO 平台出售。購買 NFT 會獲得音符所屬小節的樂譜圖檔，以及該粒音符的音檔，其音檔可以在平台上試聽。

官方出售日期為 2021 年 12 月 21 日至 23 日，分成三批發售，每日出售一批，每個定價 1 萬日圓（連稅），買家可使用以太幣 ETH、信用卡或透過銀行付款。官方推出後反應熱烈，瞬間售空，現時在 Adam by GMO 可見坂本龍一的 NFT 已被炒賣至幾十至一百多萬日圓。

坂本龍一曾兩度確診癌症，在 2014 年患上咽喉癌，以及 2021 年 1 月罹患直腸癌，接受手術後需要繼續治療。由於健康關係，坂本龍一在 2021 年只曾一度作出現場演奏，是在東京 Bunkamura Studio 錄製《Merry Christmas Mr. Lawrence - 2021》。這次出售的 NFT 正是這次錄音。

奢侈品 NFT 品牌值得購買及投資嗎？

有些奢侈品 NFT 觸不到穿不上，卻又叫價不菲，你可能會覺得疑惑，它們真的值得購買嗎？

不論是購買奢侈品 NFT 或是其他 NFT 前，可以考慮 NFT 的社群參與度、藝術意義、應用價值、你本人的喜愛程度等等。通常知名奢侈品牌的優勢在於已經具有一定號召力，較能吸引買家。

不少人買 NFT 是看在其升值和增長潛力，作投資炒賣用途，有人為此憂慮 NFT 只是一項泡沫經濟。不過區塊鏈、加密貨幣和 NFT 正在引領出 Web3.0 的世代風潮，如果是創造出真正使用需求、擁有完整生態圈和社群文化的 NFT，相比被單純被炒賣成天價的 NFT 更易轉讓和有保值能力。

因此交易前，應該先了解清楚 NFT 的背景資訊，才購買你認為有價值的 NFT。

5.3 村上隆重啟 《MURAKAMI.FLOWERS》 NFT 向日葵圖案, 復刻 80 年代電子情懷

　　村上隆是日本普及藝術當中最多人認識的藝術家,他的「超扁平」 (Superflat)風格插畫更是深入民心,被視為日本當代藝術界及插畫 界的重要人物。他早於 2021 年 3 月已曾推出 NFT 作品,可是當時的企 劃《MURAKAMI.FLOWERS》卻未能出售任何一張 NFT 就旋即退市, 據村上隆自身解釋,是當時未能了解 NFT 的意義。不過一般認為是當 時 NFT 熱潮未見蓬勃,村上隆是「走得太前」。

　　2022 年初,村上隆再次宣布推出 NFT,仍然是同一企劃 《MURAKAMI.FLOWERS》,內容是其著名的向日葵(太陽花)標誌圖 案,並且是類近 16-bits 懷舊風格。這次更是明言將有團體主力開發, 甚至有意以手機遊戲加強整個 NFT 的沉浸式經驗。

村上隆 NFT 首輪可購買日期

截至 2022 年 3 月底，村上隆終於公布新的《MURAKAMI. FLOWERS》企劃，共推出 11,664 個 NFT。每件 NFT 首先會以《MURAKAMI. FLOWERS SEED》的種子發行，之後才可獲得真正的《MURAKAMI. FLOWERS》。白名單 (VIP) 買家可以 0.0727ETH(約 250 美元) 認購種子，公眾人士則可參加抽獎，中獎者可以 0.108ETH(約 365 美元) 購買。據聞《MURAKAMI. FLOWERS SEED》在 OpenSea 的地板價已飆升至 6.6ETH(約 2.2 萬美元)，行情大好！

村上隆 NFT 的藝術價值／設計理念

「超扁平主義」流行通俗藝術

村上隆受普普藝術及日本戰後動畫文化的影響甚深。由 90 年代初出道開始，他就以平面圖案為主調，風格融合了卡通、手繪以及御宅流行文化元素，同時亦有受日本傳統浮世繪影響的作品。

其後村上隆再以「Superflat」（超扁平）風格廣為人知，意思是其畫作刻意以極大範圍而密集的平面圖案拼湊而成，造成「極不立體」並完全沒有透視技法的視覺效果；再配合村上隆較見常的豔麗顏色及通俗化角色圖案，令其作品成為了 90 年代後日本流行藝術及御宅文化的代表。

新的《MURAKAMI.FLOWERS》同樣沿用了村上隆最標誌圖案之一：向日葵。大概是因為要配合加密貨幣／NFT 的氣質，是次圖案以復刻8、90 年代電子風格的像素感為主調，每一個《MURAKAMI.FLOWERS》向日葵圖案都各有差異。

如何購買村上隆 NFT

2021 年村上隆 NFT 剛發售時候，選擇以 OpenSea 作為平台，任何人只要註冊 OpenSea 帳戶即可購買。2022 年《MURAKAMI.FLOWERS》再次發行，買家同樣可以在 OpenSea 購買，只要在 OpenSea 開戶，預先準備 MetaMask 以及以太幣便可購得心頭好。在 OpenSea 購買 NFT 方法可參閱前文。

附錄：
《MURAKAMI.FLOWERS》前傳— CLONE X

其實在 2021 年《MURAKAMI.FLOWERS》NFT 計畫腰斬後，村上隆在同年 12 月聯乘虛擬潮牌製作單位 RTFKT Studios，合力打造了 CLONE X NFT 系列。該系列是一個包括 20,000 個 3D 角色的 Avatar 項目，據說是向 CryptoPunks 致敬。項目推出即大受歡迎，截至 2022 年 2 月，一個圖像的平均價已高達 14.95ETH。雖然價格不及 BAYC，但在 OpenSea 的交易量卻超過 BAYC 系列。或許此項目的成功激起了村上隆的雄心，決定重啟《MURAKAMI.FLOWERS》。

第六章

「NFT 音樂」

6.1 NFT 音樂
突破唱片發行商的版稅限制

　　NFT 形式的作品愈來愈多變，除了主流視覺藝術及頭像系列，NFT 音樂可以說是橫空出世，成為 NFT 界開始備受關注的作品形式。NFT 音樂相比傳統的音樂作品有哪些特色？

I. 甚麼是 NFT 音樂／ NFT 歌曲？

　　NFT 音樂亦即將音樂／旋律／各種形式的音樂創作變為 NFT，以鑄上不可取代的區塊鏈編碼，證明持有人的擁有權。相比過往可以簡單複製的音樂檔案，NFT 音樂檔案更具有價值。

NFT 音樂／ NFT 歌曲的 3 項獨特價值

　　從 NFT 興起成為熱潮至今已有一段時間，我們都對 NFT 的「不可替代性」感到麻木。到底 NFT 音樂相比其他形式的 NFT 作品，有更多額外的吸引力嗎？

NFT 投資攻略

一、將 NFT 音樂「碎片化」 提高收藏價值

隨著 NFT 的盛行，不同的創作者也開始研發出新形式的 NFT 音樂，包括不再出首單一樂曲，而是將樂曲「碎片化」，變成一段段短旋律，甚至是單獨的音符作為 NFT。

這樣等於令 NFT 音樂變成另一種形式的紀念品，單純的音符不成旋律，但卻有其不可替代的獨特性。假設如果有人希望收集整首音樂，就必須逐個音符回購，某程度也可以說令整首音樂更彌足珍貴。

日本音樂家坂本龍一正是以此方式出售其作品《Merry Christmas Mr. Lawrence》，將一首作品變成 595 個音符，最後全數沽清，蔚為話題。

二、NFT 音樂版權及收益重歸歌手本人

　　NFT 另一特徵是將收益個人化，任何人只要連接加密貨幣錢包，就可以在各大平台上出售音樂以獲利，扣除平台的手續費後，所有獲利就能完全歸入創作人手中。

　　相比傳統音樂產業，大多數音樂人都需要經紀人、發行商、或是串流平台等等，在一首音樂作品能夠獲利之前，可能已經要扣除大量的薪金、合約費或行政費等。對於已有名氣的音樂人而言當然不成問題，但如果是小眾歌手，或是非主流的音樂創作，就是極高的門檻。

　　NFT 的去中心化特色不但對於音樂創作人而言是出路，對於粉絲而言也一樣，能夠迴避各種商業機構，直接付費支持創作者，擁有作品後再轉售，甚至可能有額外收益。

三、能夠突顯不同版本音樂 NFT 的價值

音樂人創作作品的時候，往往都會不斷嘗試各種版本，由錄製 Demo 到混音，再到不同形式的演繹。過往唱片及串流平台提供的，可能只是最通俗的版本，就算附上其他版本，也可能只附帶為「贈品」。

透過 NFT，音樂人即可以為單一歌曲的不同版本提供不同定價，藉此出售不同版本的作品，改變過往以唱片及單一歌曲為主導的音樂市場模式。

II. 著名 NFT 音樂作品例子

相比視覺藝術，NFT 屬於較新領域的市場，目前並沒有太大量的音樂作品，比較有名的 NFT 音樂，均是來自一班知名音樂人的創作。

一、黃明志 NFT 音樂：繞過銀行直接收益

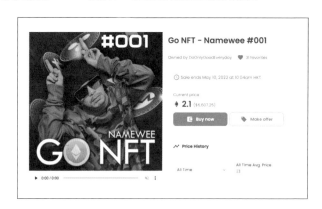

馬來西亞著名音樂創作人於 2021 年將其部分作品鑄成若干份 NFT，然後銷毀原作，再將 NFT 作品放到平台 OpenSea 上發售。結果一夜之間就全部沽清，包括 20 份《飆高音》以及其特別創作的《Go NFT》等歌曲，估計進帳逾 90 萬美元。

黃明志除了在於證明音樂人能獲利之外，亦在於他在馬國屬於較具爭議性的歌手。透過這種去中化心技術而發行作品，再獲得可觀盈利，等於成功繞過馬國政府、銀行以及商業機構。

二、坂本龍一 NFT 音樂：將音符變成 NFT

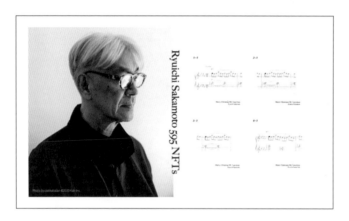

日本音樂大師坂本龍一 NFT 則在 2021 年 12 月推出名為「595 music notes」NFT 計劃，將他的著名音樂作品《Merry Christmas Mr. Lawrence - 2021》的主旋律部分，鑄造成 595 個獨立 NFT，並以 1 萬日元一份發售，迅即沽清，而且叫價很快便攀升至 100 萬日元一份。

三、陳奐仁 NFT 音樂：提高音樂人的收入

　　香港音樂人陳奐仁於 2021 年中旬發行音樂 NFT，內容是其兩首作品《nobody gets me》及《The XXXX Is An NFT》，最後分別以以太幣及幣安幣售出，總計獲利約 150 萬港元。

　　他在訪問中坦言發行 NFT 的原因是要重振音樂人的收入，認為香港不少音樂人收入低得可憐，因此嘗試以 NFT 形式出售作品，試圖打破困局。

四、劉以達前衛 NFT 樂曲：主打非主流作品

香港著名音樂人劉以達向來以前衛破格的作風而聞名，早前他於 Facebook 上以《方丈尋根記》為題，分享香港 60 至 80 年代期間的學習音樂及經營樂隊心路歷程，其後再宣布於 OpenSea 上發行音樂作品。

劉以達於 OpenSea 上設立了名為 Tats Lau Yee-Tat Music 的專頁，至今已上載了逾 30 項 NFT，內容均以非主流風格音樂為主，亦有致敬著名英國樂隊 Pink Floyd 的作品，目前總成交量為 4.2ETH。

劉以達於香港以樂隊《達明一派》而聞名，個人作品知名度較低，是次重新上載的一批作品反應不俗，或許能夠在收入及知名度方面也有所突破。

III. NFT 音樂值得投資嗎？

如果我們先撇除個人對某一歌手或歌曲的愛好，而單純從投資者角度去看，那麼 NFT 音樂目前依然算是「新市場」，能夠製作有質素及有內容的音樂人其實不多，會推出 NFT 音樂就更少。因此大多數 NFT 音樂作品，仍然能維持其獨特性及內在價值。相比已頗見泛濫的 NFT 視覺作品，可能會較為有保值力。

6.2 OurSong
音樂 NFT 主打平台,華語圈殺出重圍

OURSONG

Catch Vibes

解鎖新宇宙的鑰匙

NFTs 不只是你購買和保存在區塊鏈錢包中的數位檔案。Vibes 是解鎖新宇宙的鑰匙!它可以解鎖創作者提供的獨家內容、進入專屬社群,遇見創作者和志同道合的人,圍繞作品而生的全新篇章即將展開。

　　OurSong 成立於 2019 年,由著名音樂軟件 KKBOX 的集團創新實驗室所開發,以手機應用程式為主導,主打音樂 NFT 平台,但可上載內容不限於 NFT。

　　雖然平台本身有較重的試驗氣息,但由於 KKBOX 集團於台灣起步,一直在華語市場有一定的佔有率,所以亦可說是首個被華人關注的 NFT 平台。在陳芳語、師圈鹽酥雞等 NFT 進駐後,亦再度引起新一輪的市場注視。

I. OurSong 的 NFT：Vibe

OurSong 上的 NFT 為「Vibe」，以卡片形式呈現，其機制與一般 NFT 無異，同樣具有所有權認證，以及完全公開的交易紀錄。

OurSong 原創作者買賣手續費表

	收入	OURSONG 手續費
NFT 創作者（賣家）	87.50%	12.50%
買家	-	2.50%

OurSong 二手以及後續買賣手續費表

	收入	OURSONG 手續費
NFT 創作者	10%（原創者分潤）	-
賣家	87.50%	2.50%
買家	-	2.50%

（2022 年 2 月，以官方更新為準）

OurSong 對應的區塊鏈

OurSong 比較特別在於能夠對應三條區塊鏈,而不像 OpenSea 或 Solanart 只能對應單一的區塊鏈。OurSong 可在以下三項區塊鏈交易,不過要留意的是 OurSong 沒有跨鏈功能,三者之間的 NFT 不能互相流通。

一、以太坊區塊鏈(ERC):最多人使用及最生態完整的區塊鏈,亦可以對應較易上的錢包 Metaverse,也因此交投會較為熱烈,有更易售出的 NFT。不過以太坊被人詬病的則為燃料費(Gas Fee)較昂貴並較為浮動。

二、Binance 智能鏈(BSC):由幣安推出的大型公鏈,好處是手續費較以太坊為低,近年亦積極發展 NFT 生態,雖然規模未及以太坊,但以穩定取勝。

三、ThunderCore(TT 鏈):ThunderCore 的背景公司於台灣成立,公司創立人亦是台灣人,因此其區塊鏈亦富有「台灣代表」的意思。據其官方資料顯示,ThunderCore 的鏈上手續費及鑄造費可近至零,能源消耗較少,速度亦可比擬其他區塊鏈。不過由於是新建的區塊鏈,所以用戶較少。

II. OurSong 的著名 NFT

OurSong 開通後，雖然作為新平台，亦是市場上少數主打音樂 NFT 平台，但反應卻仍然不俗。

吳卓源 NFT：《Paris》

據 OurSong 官方所指，首個與歌手的 NFT 企劃為台灣女歌手吳卓源，推出單曲《Paris》，製作為 20 首 NFT，推出後反應甚佳。

陳芳語 NFT：
《Kow Tow：Princess Tendencies Remix》

澳洲馬來西亞裔女歌手陳芳語曾經於 OurSong 上推出的 20 份 NFT，作品《Kow Tow：Princess Tendencies Remix》，訂價 25 美金，上架後即全數售罄。

師園鹽酥雞 NFT

較有趣的是，台灣的老牌鹽酥雞店，也在 OurSong 上發行了一系列的食物 NFT，雖然不是音樂作品，但仍然引起熱話，亦成功銷售出不俗的成績。

OurSong 其他著名音樂 NFT 作品

根據官方公布，目前已有著名華語歌手及音樂品牌進駐 OurSong，當中包括華納音樂、前少女時代成員 Tiffany、Julia 吳卓源、陳珊妮、Tizzy Bac、滅火器、黃偉晉、Ching G Squad、落日飛車等等。雖然作品未見太過豐富，但仍可算是建立 NFT 市場上少見的 NFT 音樂生態。

III. OurSong 的平台優點:

一、作者可收到持續分成:

　　OurSong 能夠吸引音樂人投放作品,除了因為其主打音樂 NFT 的形象外,亦因為其制度規定了每次出售作品,原作者都能獲得 10% 分成,包括二次出售。這等於作品本身只要受歡迎,就能永續獲得收入,而且市場價格愈高,收入愈多。這種制度絕對有利於鼓勵創作者參與。

二、可使用 Apple Pay ╱ Paypal 入金

　　OurSong 可對應 ETH 以及其自家貨幣 OSD,OSD 幣值與美金相同 1:1,平台接受加密貨幣轉帳之外,同時亦接受 Apple Pay ╱ Paypal 直接購買 OSD,對於新手而言較為方便,不過要留意以 Apple Pay ╱ Paypal 入金的話,平台會收取較貴的手續費。

三、具有「Club」功能 建立 NFT 社群

　　OurSong 本身設有「Club」功能,容許持有同系列或同音樂品牌的 NFT 持有人,有條件下進入相關社群,並且互相交流,屬於 NFT 平台裡較為少見的社群系統。

四、支援 1155 NFT 標準

　　OurSong 支持可以「批量化」的 ERC-1155 ╱ BEP1155 ╱ TT1155 標準,即作者可以透過單一創作卻可批量鑄造 NFT,更有助於歌手發售更多數量的作品。

6.3 坂本龍一音符 NFT 開售即沽清！
二手市場定價千倍起跳

一枚音符可以價值數以百萬計日元？說的正是日本音樂大師坂本龍一推出的音符 NFT。

坂本龍一將曲目《Merry Christmas Mr. Lawrence - 2021》分拆成 595 個音符出售，首售後轉手就以幾十倍價錢被賣出。為甚麼一枚音符可以價值數十萬日元？以下為大家介紹坂本龍一的音符 NFT ！

坂本龍一 NFT：《Merry Christmas Mr. Lawrence - 2021》的音符

日本音樂大師坂本龍一 NFT 在 2021 年 12 月推出，名為「595 music notes」NFT 計劃，將他的著名音樂作品《Merry Christmas Mr. Lawrence - 2021》的主旋律部分——96 個小節共 595 個音符鑄造成 595 個獨立 NFT，在 Adam by GMO 平台出售。

購買 NFT 會獲得音符所屬小節的樂譜圖檔，以及該音符的音檔，音檔可以在平台上試聽。

坂本龍一 NFT 值得投資嗎？

坂本龍一 NFT 首發後迅速被購空，其後以數十甚至百倍價錢被轉售。這 595 個音符 NFT 和其他系列設計出售的品牌 NFT（如 BAYC、CryptoPunk 等等）不同，創立人的坂本龍一未見有意圖創立和經營 NFT 社群，亦難以預測他將來再推出 NFT 的可能性。

這些 NFT 的價值來源於坂本龍一本身的知名度，以及其作品的藝術意義。要看這批音符 NFT 的投資價值，可以考慮將來轉手出售時的供求情況，NFT 的稀缺性、其他買家對這批 NFT 的需求以及買家的出價意願等因素。

另外要注意的是，是次的 NFT 每顆音樂原價只售 1 萬日元，相比現時最一線的 NFT 而言，可說是極低的底價。因此，亦會造成第二手賣家會認為，「不論如何出價即使未能沽出亦大概不會蝕本」的現象。由於持貨風險低，令賣家會較惜售，造成嚴重的溢價，令該批 NFT 迅間升值數十至百倍。

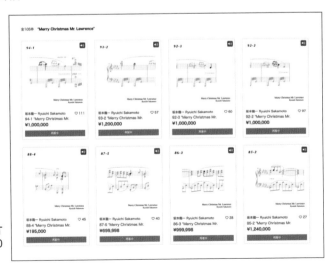

部分音符 NFT 售價已超過 100 萬日圓。

結果，該批 NFT 在 2021 年 12 月 21 日、22 日和 23 日，分成三批發售，每日出售一批。官方推出後反應熱烈，全部 NFT 瞬間售空。現時要購買可以使用 Adam byGMO 平台，或者在 OpeanSea 上購買。而該批音符 NFT 已經被炒賣至數十至一百多萬日圓。

購買坂本龍一 NFT
須備有哪些加密貨幣及錢包？

在 Adam byGMO 平台購買 NFT，首先需要註冊一個帳戶。平台 NFT 定價以日元和美金顯示，但只接受用銀行轉帳或信用卡途徑支付日元，或者以太幣付款。具體付款貨幣由賣家設定，賣家可以選擇接受日元或以太幣付款，或兩者都接受。購買後若想在 Adam byGMO 轉手出賣 NFT，但沒日本的銀行帳戶，則只能收取以太幣，無法收取日元。

在 OpenSea 購買的話，則同樣需要註冊一個帳戶，並且將加密貨幣錢包連接到 OpenSea 帳戶，其後可用以太幣購買坂本龍一 NFT。不論在 Adam byGMO 或者 OpenSea 購買坂本龍一 NFT，接受的加密貨幣只有以太幣（ETH）。

在 Adam byGMO 上使用以太幣支付的話，必需連接帳戶到 MetaMask 錢包，其他加密貨幣錢包都不接受。而 OpenSea 則可以連接到 MetaMask、TrustWallet、Coinbsae Wallet 等等錢包。

附錄:坂本龍一 NFT 的藝術價值

坂本龍一曾兩度確診癌症,在 2014 年患上咽喉癌,以及 2021 年 1 月罹患直腸癌,接受手術後需要繼續治療。由於健康關係,坂本龍一在 2021 年只曾一度作出現場演奏,是在東京 Bunkamura Studio 錄製《Merry Christmas Mr. Lawrence - 2021》。這次出售的 NFT 正是這次錄音。

《Merry Christmas Mr. Lawrence》可說是坂本龍一最著名,舉世最為人所知的作品。本身源自日本導演大島渚 1983 年的同名電影《Merry Christmas, Mr. Lawrence》(台譯《俘虜》、港譯《戰場上的快樂聖誕》)的主題配樂,電影由坂本龍一、David Bowie、北野武等著名演員演出,但其後此配樂的名氣,甚至大於電影本身。

《Merry Christmas Mr. Lawrence》面世 30 年來已經有無數改編及混音作品,亦是日本音樂界最享譽國際的作品,坂本龍一亦由此奠下國際音樂大師的地位。今天其音符成為 NFT 出售,可說別具意義。

第七章

「NFT 遊戲」

7.1 NFT 遊戲 2021 大爆發
提前來到的元宇宙願景

　　回顧 2021 年的幣市，上半年升勢最顯著的是一眾公鏈幣如 AVAX、SOL、LUNA 等；到下半年，則變成了一眾區塊鏈遊戲及相關項目的主場，相關代幣如 AXS、GALA、MANA、SAND、YGG 等，都是在 11 月左右崛起。

　　區塊鏈遊戲與 NFT 關係密切，甚至可以說是必須有 NFT 技術，才成功催生出各種區塊鏈遊戲。

怎樣才算 NFT 遊戲？

　　「NFT 遊戲」所指的是線上遊戲當中的道具及人物，均具有 NFT 的功能，當中包括角色、物品、土地、寵物乃至卡片等等。透過 NFT 制式設定的物品，就已經可稱為 NFT 遊戲。

NFT 投資攻略

　　NFT 遊戲的形式非常多樣化，從寵物戰鬥、自由開放遊戲、戰鬥技術型到卡片遊戲皆有。至於為何 NFT 遊戲及相關 NFT 會突然大爆發，有以下幾個因素值得我們留意。

一、NFT 遊戲與元宇宙概念的熱話

　　NFT 遊戲於 2021 年年末爆發，與元宇宙（Metaverse）大有關係。元宇宙一直是網絡發展的願景，希望未來能建立一個提升用戶全方位感官體驗的線上虛擬空間。2021 年 10 月，Facebook 母公司更直接改名為 Meta，宣稱將主力發展元宇宙體驗，令元宇宙突然走入主流目光之中。

　　由於不少 NFT 遊戲已經具有完整的世界觀及背景故事，如 Decentraland 及 The Sandbox 等，更是全 3D 遊戲，雖然兩者的遊戲體驗未盡完善，可是其設計已富有元宇宙理念，而且 NFT 技術已可對應每名玩家的物品持有權。市場因此注意到 NFT 遊戲的未來，大有機會與元宇宙合流，瞬間令 NFT 遊戲成為市場熱話與投資對象。

二、NFT 遊戲對玩家帶來的真實利益

絕大部分的 NFT 遊戲道具及角色，均可以在特定平台上自由買賣，亦可以轉換成不同的虛擬貨幣。對於某部分玩家而言，是真正可獲利的徑途，比過往的線上遊戲只能在愛好者之間交易遊戲內容，更為有利可圖。

最著名的例子可說是 Axie Infinity，曾經有一段時間被菲律賓人用作賺取日常收入。NFT 遊戲的日常收入對一般玩家而言可能不算豐厚，但對於低收入國家及地區而言，卻已算是充足的日常收入，此為現象為一眾龍頭 NFT 遊戲吸納不少玩家，同時催谷幣價升值。

三、大財團的注資及參與

NFT 遊戲的願景引來不少大型企業的注意，特別是主打虛擬土地買賣的 The Sandbox，即得到不少財團的垂青，出資買地或與 Sandbox 結成合作關係，藉由虛擬地圖作為形象推廣，The Sandbox 更曾獲得軟銀旗下基金注資達 9,300 萬美元。

Decentraland 亦獲眾多大型品牌的支持，包括投資公司 tokens.com 曾出資逾兩百萬美元購買下虛擬地皮，其他大型科技企業如 Samsung、Hugo Boss 曾舉辦或參與 Decentraland 的虛擬活動。

大企業及大量資金對 NFT 遊戲的追捧，不論是純粹為了市場營銷，抑或有真實需要，也成功令市場開相信 NFT 遊戲及虛擬資產的價值。

Samsung 在 Decentraland 開設的虛擬店舖。

我能夠以透過遊玩 NFT「維生」嗎？

很多人都想知道 NFT 遊戲既然能「賺錢」，那麼我是否可以靠遊戲養活自己？

首先我們要了解到，不論你在遊戲中獲得的遊戲道具或是角色，出售所得的，也必然是對應的加密貨幣，而大多是遊戲本身的代幣。幣價本身是有漲有降的，如果你要打算長期以 NFT 遊戲獲利，就要確保自己能夠長期參與之餘，又能在幣價表現較佳的時機，售出 NFT 道具以獲利。

而且當 NFT 遊戲的參與人數愈多，等於愈多人爭奪貴重的 NFT 道具／ NFT 物品，競爭如此激烈，就很難在擁有一定隨機性的遊戲世界裡長遠賺取金錢。

7.2 NFT 遊戲賺錢 5 大熱門項目

Axie Infinity｜Decentraland｜Dark Frontiers｜My Neighbour Alice｜Star Atlas

自從區塊鏈遊戲 Dark-Frontiers 在 2020 年疫情期間風靡全球後，遊戲發展商紛紛尋求建立新的 GameFi 遊戲平台，以追上 NFT 遊戲賺錢熱潮。

傳統遊戲的玩家不時面對裝備和資產被盜的風險，但 NFT 遊戲足以扭轉狀況，以區塊鏈的認證技術，令玩家能持有遊戲資產及貨幣的真實擁有權。

Play to Earn (P2E) 容許玩家以 NFT 代幣形式獲取任務獎勵，再轉化為法幣現金，吸引大量玩家投入全新經濟活動模式。隨着 NFT ／ NFT 遊戲的基礎設施不斷完善，可以預見未來數年內，GameFi 發展將趨於成熟。

本文會為大家盤點推薦近年市場最矚目、人氣爆升的 5 款邊玩邊賺的 NFT 遊戲，再提供一些投資區塊鏈遊戲市場要注意的地方！

2021-2022 NFT 區塊鏈遊戲 小檔案

遊戲名稱	代幣名稱	推出時間
Axie Infinity	AXS	2020 年 11 月
Decentraland	MANA	2017 年 8 月
Dark Frontiers	DARK	預計 2022 年
My Neighbour Alice	ALICE	預計 2022 年
Star Atlas	ATLAS	2021 年 9 月

1.《Axie Infinity》:
首款突破 10 億銷售額 NFT 遊戲

《Axie Infinity》在 2018 年由越南遊戲公司 Sky Mavis 推出,是一款寵物精靈對打遊戲。

遊戲被視為是 NFT 遊戲版本的 Pokemon,具有飼養、繁殖、對戰、交易等元素,玩家可每日透過培育精靈 Axies,或與其他玩家戰鬥以賺取代幣。不論是對戰及完成任務後的戰利品、自行創造和培育的精靈寵物,都可在市場交易。

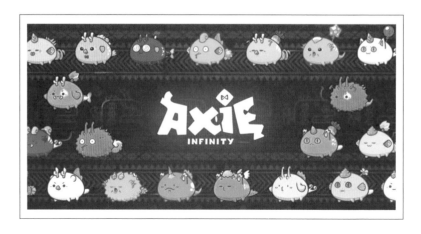

Axie Infinity 於東南亞地區竄紅後，Play to Earn 區塊鏈遊戲模式迅速吸引全球玩家，更成為第一款突破 10 億銷售額的 NFT 遊戲。按交易量計算，Axie Infinity 已成為最受歡迎的 NFT 平台，2021 年 6 月中旬至 7 月中旬，超過 140,000 名用戶的交易額約為 3 億美元。據 Axie 團隊稱，Axie 貸款協議也在進行中，將可允許所有用戶從其備用的 Axies 中賺取收益，作為另一種收入來源。

《Axie Infinity》威力足以改善東南亞國家經濟

Axie Infinity 以區塊鏈遊戲創造真實現金流的能力，漸漸改變一些地區的經濟活動模式。疫情以來，東南亞國家人民封城，經濟活動大受影響。有統計指出，如果 Axies 玩家投入足夠時間並完成挑戰，每天可在手機端上賺取超過 50 美元收入。

Axie 社群更鼓勵閒置 Axies 的用戶參與獎學金計劃，「贊助」其他新手玩家開始遊戲，降低遊戲入場門檻。操作上，由 Manager 負責出資購買 Axie，然後由招募的 Scholar 負責協助飼養精靈，操作遊戲和賺取收益，二者再按約定的比例互分贏取代幣利潤。玩家即可透過他們的 Axies 賺取收益，又可容許其他玩家免費進入遊戲。

對應區塊鏈遊戲代幣：AXS

Axie Infinity 在 2020 年 11 月引入遊戲治理代幣 Axie Infinity Shards (AXS)，讓玩家贏得戰鬥和任務後，能以 AXS 代幣和 SLP 代幣獲取獎勵。與 SLP 不同的是，AXS 設有發行量上限，最大供應量為 2.7 億枚，將在 65 個月內分發完成。

Axie 於 2020 年年中以每 AXS 0.08 美元的價格進行了私募，並於 2020 年 11 月以每 AXS 0.10 美元的價格在幣安 Launchpad 上進行公募。自成立以來，AXS 已成功升值 2900% 以上，早前開放質押功能後，更一度暴升至歷史高位。

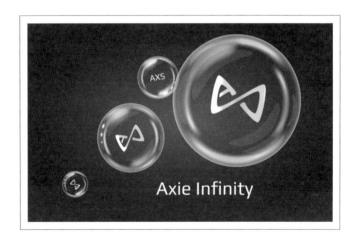

AXS 代幣特點 & 用途

AXS 的設計目標是希望透過代幣獎勵方式，將遊戲營運分享給社群和玩家。現時 AXS 代幣分配 21% 專門用於 Axie Infinity 的母公司 Sky Mavis；7% AXS 專門用於顧問；另外 8% 專門用於生態系基金；餘下的 49% 的 AXS 將透過質押及遊戲獎勵分發給社群。

功能一、支付

玩家可以利用 AXS 代幣完成各類遊戲內的支付，如購買資源等等。

功能二、交易

AXS 可於幣安等交易平台上自由交易，所以 AXS 允許注入額外的資本，而不需要持有 Axie 或直接參與遊戲，大大提升自由度。

功能三、代幣抵押

用戶可以通過質押 AXS 代幣，獲得對應的每週獎勵。AXS 持有者可將代幣存入治理平台內獲得收益，提高 AXS 的資本資產屬性。

功能四、治理

AXS 代幣持有者可抵押貸幣，以參加平台治理投票。根據發展時間表，Axie Infinity 有望在 2023 年，成為一個完全去中心化的組織，遊戲所有權和治理權力漸漸交予玩家。

2.《Decentraland》：
NFT 遊戲世界的 Minecarft

　　Decentraland 透過以太坊區塊鏈，打造去中心化虛擬世界平台，遊戲於 2021 年 2 月正式上線。

　　有別於 Minecraft、模擬市民等遊戲，Decentraland 最獨特之處是容許玩家自行塑造他們居住世界裡的所有規則。玩家只要擁有 MANA 代幣，就可獲得權力直接投票，制定土地管理政策和倡議等，投票決定將影響 Decentraland 裡的所有事物。

　　Decentraland 遊戲世界共分成約 90,000 塊土地，每塊土地都以一枚 LAND（ERC-721）在區塊鏈代幣所代表，在虛擬世界擁有特定座標。玩家可以透過 MANA（ERC-20）代幣購入土地、在土地上構建靜態的 3D 場景或虛擬結構作為 NFT。

　　除了交易財產外，玩家亦可以設計遊戲、舉辦活動和藝術品佈置他們的個人空間，與其他玩家進行互動。不過，Decentraland 目前隱憂是遊戲加載時間過慢、介面操作複雜，故障頻生，難以留住玩家。

對應遊戲代幣：MANA

　　Decentraland 虛擬世界裡主要使用 MANA 代幣。2017 年 8 月，Decentraland 公開發售代幣 MANA，僅用 35 秒便募集到等值 2,500 萬美元資金。該次發售賣出相當於 MANA 代幣總供給量的 40%，另外 20% 由 Decentraland 持有，20% 保留用以獎勵社群，20% 則分配予開發團隊。

　　Decentraland 設有代幣銷毀機制，控制 MANA 的流通量。現時流通的 MANA 代幣有 18.1 億枚，大約相當於總供給量 21.9 億枚 MANA 的 82.8%。

NFT 投資攻略

MANA 代幣特點＆用途

功能一、遊戲支付

MANA 代幣用以支付遊戲內的土地買賣、商品、服務費等。土地買賣方面，根據 Decentraland 團隊白皮書，其原始土地拍賣的原則是銷毀 1,000 枚 MANA 代幣以換取 1 枚不可替代的 LAND 代幣。累計已有超過 6 億枚 MANA 在土地拍賣中銷毀。除了原始購買土地外，用家亦可在 Decentraland 市場以不同價格的 MANA 交易已構建內容的土地。

另一層面是遊戲世界內的商品買賣。玩家可在 Decentraland 市場中以 MANA 代幣購買各種角色、衣服裝飾、藝術品等等。MANA 亦用於支付 Decentraland 土地開發等服務費。

功能二、貨幣交易

MANA 現時可在幣安、Coinbase Pro 等不同的交易平台上買賣或交易，以增加遊戲世界外的流動性。

功能 三、治理

MANA 代幣持有者可參與管理 Decentraland 的去中心化自治組織（DAO），以投票決定未來土地拍賣的細節、社群內容、政策更新等議題，管理 Decentraland 世界運作。

3.《Dark Frontiers》：
結合區塊鏈技術的太空探索虛擬世界

　　Dark Frontiers 是以探索宇宙為主線的生存遊戲。這款 NFT 遊戲設計結合市場最流行的 GameFi 和 Metaverse 概念，玩家可在 DAO（去中心化自治平台）虛擬宇宙上購買專屬土地、寶物、能量。玩家可以完全擁有整個區塊鏈遊戲賺錢世界的決定權。

　　玩家將創建屬於自己的 NFT 太空飛船，穿梭於不同星球和地圖之間冒險，尋找寶物，或進行任務戰鬥，取得不同 NFT 遊戲道具來換取利潤。玩家可購買及擁有土地，以生產和採集「能量」予玩家互相進行交易。

　　Dark Frontiers 更會引入不同平台供玩家打造獨特的 NFT 資產，再於市場交易中獲利，從而確保遊戲資產有更高流動性。

面對 GameFi 世界日漸激烈的競爭，Dark Frontiers 不但將繼續拓展 NFT 遊戲世界觀及視野，更會基於 VR 技術進一步發展。預計 2022 年中期將推出全面遊戲版本，每個月都會推出體驗版，供玩家試玩部分遊戲，以增加支持者及潛在用戶，屆時定會有更精緻的區塊鏈遊戲體驗。

對應遊戲代幣：DARK

Dark Frontiers 生態系統之中共有多款代幣。玩家除了以「Dark Energy」代幣交易土地上採集的「能量」外，亦設有「GAME」代幣供玩家購買遊戲當中的區塊鏈 NFT，下文要介紹的是總供應量 10 萬枚的生態代幣「DARK」。

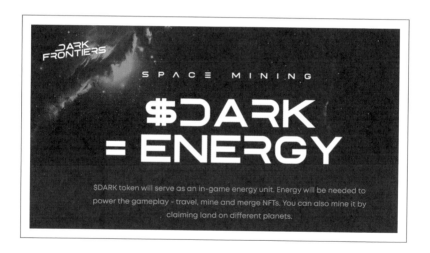

DARK 代幣目前已在不同平台上開售，2021 年 10 月起分別在 DAO Maker、GameStarter、RedKite 發售，也即將在 GameFi Launchpad 開啓發售。

DARK 代幣特點＆用途

一枚 DARK 以 0.05 美元的成本價來計算的話，DARK 代幣初始市值約為 100 萬美元。和目前其他 GameFi 類型幣種相比，DARK 自然還有不少上升空間。由於 Dark Frontiers 太空探險主題和 VR 的概念極具潛力，很大機會獲得市場關注。目前 DARK 代幣的功能集中遊戲系統用途，隨着這個區塊鏈遊戲逐步開發，代幣的用途將更廣闊。

功能 一、支付
Dark Frontiers 遊戲內，如玩家要為自己的飛船升級，需要支付 DARK 代幣為燃料費。玩家也可以通過自己的土地賺取 DARK 代幣的利息。DARK 代幣就是遊戲中處理土地租賃、購買能量的中介。

功能 二、治理
DARK 代幣持有人可以有權參與管理 Dark Frontiers 的 DAO，以投票決定其政策和治理事宜。

功能 三、抵押
DARK 代幣也會放於 DarkSwap 作 Staking 押注，賺取費用。

4.《My Neighbour Alice》：
NFT 遊戲版動物森友會

　　《My Neighbour Alice》被喻為區塊鏈版「動物森友會」，由瑞典遊戲公司 Antler Interactive 推出，這款 NFT 遊戲集世界地圖、土地、社交、日常任務多個板塊於一身，並且會根據市場情況和玩家反饋，不斷開發新玩法。2021 年 8 月起，玩家可以在線上打機平台 Steam 試玩 My Neighbour Alice 測試版本，預計遊戲會在 2022 年正式推出。

　　作為一款區塊鏈遊戲，My Neighbor Alice 的遊戲背景設定在一個名為 Lummelunda 群島的大島群。玩家進入遊戲時可獲一片土地，成為 Alice 的鄰居後，就能發揮創意，自由設計，不斷在遊戲土地中加入建築物、植被、家具和家畜等。

　　玩家透過進行不同性質的休閒活動（例如釣魚，捕蟲和養蜂等）均可獲得 ALICE 代幣作為獎勵，以購買 NFT 遊戲道具建設土地。值得一提的是，在 Lummelunda 群島建設的 NFT 資產亦可以在市場中放售賺錢，玩家既是創造者，亦是投資者，令遊戲更富娛樂性，亦有更多利潤。

對應代幣名稱：ALICE

「GameFi 動森」社區代幣 ALICE 在遊戲中具有多項功能。遊戲尚未正式公開發行，代幣發售已先聲奪人。ALICE 代幣總供應量有 1 億枚，於 2021 年 3 月在 Binance Launchpad 已開始交易。現時玩家已經可透過經測試版本的遊戲中賺取 ALICE 代幣。

ALICE 代幣特點 & 用途

功能一、遊戲支付

ALICE 代幣是不同玩家之間於《My Neighbour Alice》的支付方式，玩家可通過 ALICE 代幣，購買 NFT 遊戲道具和土地；完成任務和贏出競賽的玩家也可獲得代幣獎勵。

功能二、區塊鏈平台交易

除了遊戲內部的道具買賣市場外，操作上，ALICE 代幣還兼容 ERC20 代幣。換言之 ALICE 可以上線到以太坊與其他區塊鏈如 Steam 等等，吸引遊戲外的用戶，購買兼具特色的遊戲道具作為投資。

功能三 、治理

My Neighbor Alice 同樣以 DAO 方式治理，代幣持有人可通過提案投票決定遊戲未來的路線。根據官方介紹，ALICE 代幣持有者可以投票決定的事項包括：島嶼銷售、遊戲內 NFT 資產銷售和遊戲發行渠道等收入的用途，制訂項目開發時間表和代幣回購計劃等，與其他玩家共同決定遊戲發展路線。

5.《STAR ALTAS》：
星際冒險宇宙 NFT 遊戲

　　首個在 Solana 區塊鏈的星際戰略遊戲 Star Atlas，遊戲介面富電影級視覺效果。背景設定於 2620 年的未來宇宙。虛擬宇宙分成三大派別：由人類統治的 MUD 領土、由外星種族組成的 ONI 地區，以及機器人控制的 Ustur 地區。三大派別將各自組織船員和艦隊，於不同星球建立殖民地，或成立同盟與其他派別搶奪資源。

　　玩家可選擇成為其中一個派別的公民，並購買基本道具。遊戲初期，玩家會在新手區探索基本功能，包括救援、戰鬥、打撈裝備及以 NFT 形式設計的戰艦。星際軍事競賽包括為派別的戰艦配備砲塔、導彈、盾牌、瞄準系統等攻擊和防禦裝備。隨著玩家開發的星球越來越多，配備也將升級，採礦獲得資源就是升級的途徑。

Star Atlas 宇宙法則奉行有限資源，NFT 資產在遊戲世界此消彼長，考驗玩家妥善分配資源和決策能力。如果玩家在戰鬥中失敗，其在遊戲創造的 NFT 資產將被破壞，而取勝一方則可打撈被破壞的裝備成為戰利品，令遊戲增添刺激張力。Star Atlas 第一個版本預計將於 2022 年第二季度推出。

對應代幣名稱：ATLAS

ATLAS 初始供應量為 360 億顆。除了早期融資與流動性挖礦的額度分配以外，其餘代幣只能遊戲活動取得，而開發團隊將保留 5% ATLAS 供應量。

NFT 投資攻略

ATLAS 代幣特點 & 用途

功能一、遊戲支付

玩家必須在前期購買一些 ATLAS 代幣以購買設備和資源。玩家發現新的星球後,便可以利用採礦設備開採資源,將礦石和物品等資源於二級市場交易,賺取 ATLAS 代幣。Star Atlas 亦設有維護、門票、土地稅收等各項收費,鼓勵玩家建設開發,減少閒置土地。

玩家完成遊戲任務後,亦可賺取 ATLAS 代幣,預計 Star Atlas 正式推出後,ATLAS 流通量會不斷增加。Star Atlas 不定期會推出稀有裝備／道具,促進 NFT 市場交易,玩家也可透過 ATLAS 代幣,購買這些裝備道具。

功能二、:交易

ATLAS 代幣於 2021 年 9 月正式於 FTX 平台發售,另外價值 50 萬美元的 ATLAS 代幣置於 Raydium 和 Apollo-X 的 DEX 產品出售。

功能三、代幣抵押

玩家可將賺來的 ATLAS 抵押到 Serum DEX 上,賺取利息,還可獲得流動性挖礦獎勵。

功能四、治理

ATLAS 代幣持有者亦可抵押貨幣,以賺取 Star Atlas 治理代幣 POLIS,從而參與整個遊戲發展方向的決策治理。

7.3 2021-22 年最具開創性的 4 款 NFT 遊戲

　　市場上的 NFT 遊戲愈來愈豐富，形式亦愈來愈多變。我們選出了四款較具代表的 NFT 遊戲，分析其中特徵。

　　當然市場上最有人氣的 NFT 遊戲未必是本篇提及的四款，但此四款遊戲各自在某方面有其開創性，包括遊戲願景、遊戲形式及 NFT 設計等，都是走得較前並紅極一時的代表，值得我們留意會否會影響未來的 NFT 遊戲發展。

I. Illuvium：3A 級大作，全 3D 開放遊戲

    Illuvium 是建立在以太坊 Ethereum 區塊鏈的開放世界 RPG 遊戲，號稱有史以來第一款 3A 級的 GameFi 遊戲大作。

    屬於集寵物育成、對戰、探險於一身的 3D 開放遊戲，科幻的畫風帶領玩家躍進浩瀚的宇宙，前往未知的星球探險，有別於現時大部份以 2D 為主的區塊鏈遊戲，而將以全 3D 為背景。

    Illuvium 採取了 Play to Earn 的機制，遊玩過程中所發掘的稀有物品將會自動生成 NFT，可透過網上 NFT 交易平台或 Illuvium 內的 Illuvi DEX 交易，NFT 將會以太幣 ETH 和 Illuvium 所推出的 ILV 定價。

Illuvium 的世界觀

Illuvium 的世界觀結合了科幻與奇幻元素，設計比較宏大而完整。

玩家扮演一位迫降太空冒險者，降落於飽受摧殘的未知星球，此失落星球長期受極端天氣及神秘輻射的影響，使得星球上生物 Illuvial 擁有未知的超能力。

玩家在漸漸控制得到這股神秘超能力，並能利用當地晶石 Shards 捕獲及控制 Illuvials。

Illuvium 的三大玩法

　　Illuvium 的遊玩體驗主要分為三個部分，分別是寵物育成、寵物對戰和冒險。

一、寵物育成
　　Illuvium 的主要玩法與寵物小精靈無異，透過捕捉未知的生物「Illuvials」組成隊伍，利用他們的超能力突破地域的限制，破解未知的謎團。

　　玩家可以透過開採礦物晶石 Shards 來捕捉 Illuvials。Shards 就像精靈球般有分高下，較罕有的 Shards 有較大機會能夠捕捉稀有強大的 Illuvials。

二、寵物對戰

　　Illuvium 的對戰系統以團體戰為主，玩家派出一定數量的 Illuvials 同時決鬥。就如其他寵物對戰遊戲一樣，Illuvium 講求隊伍組成，適合隊伍可發揮 Illuvials 的最大潛能。Illuvials 遊戲內分為五大屬性，屬性和特性可互補長短，亦可加強某特性或屬性的能力。

三、冒險

　　玩家將會前往不同地域，尋找線索和捕捉稀有的 Illuvials。不少地區都被神秘方尖碑封鎖，玩家只有在尋獲特定的方尖碑才能解鎖某地區，從而獲得捕捉罕有 Illuvials 的機會。

　　玩家亦可以在星球上任意開採礦物和尋找物資。開採了的礦物就像捕捉了的 Illuvial 般自動生成 NFT，愈罕有的礦物價值愈高，玩家在遊玩的過程中可不斷賺取加密貨幣或 NFT。

預計推出時間

　　Illuvium 創辦人 Warwick 兄弟在 2021 年中宣布，公測將於 2022 年的第一個季度進行，不過仍未有確實正式開放遊玩的時間。按照官方網頁的時間表，Illuvium 將在 2022 年推出手機版本。

Illuvium 代幣：ILV 幣

　　即使 Illuvium 仍未正式發行，其代幣 ILV 早已完成集資的過程，並已經在幣安等加密貨幣交易所出售。作為 GameFi 圈內備受期待的遊戲大作，ILV 吸引了不少資金，受到不少投資者的青睞。

截至 2022 年 3 月初，ILV 總市值 339,422,897 美元，排名第 150 位。短短半年間，ILV 的價格曾經升至 1,800 美元，2022 年 3 月初的價格為 560 美元。

ILV 的總量為 1000 萬枚，在 2020 年 12 月的前期出售 Pre Seed Sale 中，以 1 美元的價格向核心投資者出售了 50 萬枚 ILV，其後一月的早期出售 Seed Sale，以 3 美元的價格出售了 150 萬枚 ILV。Illuvium 的團隊亦獲得了 150 萬枚 ILV。

當遊戲正式發布後，有 100 萬枚 ILV 作為遊戲裡的獎勵，而剩下的 ILV 則會存放在 Launchpad 和 Yield Farming 供發展之用。

ILV 幣小檔案

釋出時間	Apr-21
團隊	Illuvium
總量	10,000,000
代幣用途	治理權

II. Thetan Arena：
區塊鏈版英雄聯盟，以手機對戰賺錢

Thetan Arena 於 2021 年 11 月 27 日正式推出，不到一星期已經衝破 250 萬下載量，且在多個國家 App Store 遊戲排行榜居冠，各大網上討論區或者社交媒體上有很多人在討論，甚至著名遊戲論壇「巴哈姆特電玩資訊站」亦有提及，可說是真正衝出了加密貨幣圈，成為連幣圈外人士都重視的 GameFi ／區塊鏈遊戲。

Thetan Arena 遊戲玩法介紹

Thetan Arena 的遊戲結合了《英雄聯盟》及《荒野亂鬥》兩隻大熱門遊戲的元素，集兩家之大成，而且屬於目前同類 GameFi ／ NFT 遊戲當中系統較完善，遊戲性較豐富的作品。

其實 Thetan Arena 的前身《Hero Strikes》早已上線 App Store，但遊戲玩法單調、缺乏遊戲性、較像網頁遊戲，相比之下，Thetan Arena 的趣味性和遊戲性就更顯著，吸引到不少玩家。

Thetan Arena 賺幣／出金方法

Thetan Arena 主要賺幣的方式是以遊戲角色對戰，勝出後即有機會獲得代幣，可是要注意，遊戲會免費派發三隻角色供玩家試玩，但此三個角色是不能獲得代幣 gTHC 的，亦即是說，遊戲內使用付費角色去賺幣的難度，會比免費角色低得多。

玩家第一次將 gTHC 轉成 THC 代幣的時候，帳戶需要至少創建了 12 天，之後，玩家每 48 小時只能提幣一次，而每次會有大約 4% 的轉換費用。

如果玩家未曾在市場上購物，玩家需要達到「Bronze I」等級才能第一次提取 THC。

Thetan Arena 每個角色都會有終生可以取得 gTHC 的場次及數目，以及每天的場次上限，無論是輸贏都會扣取這些場次，而不同角色每場能賺取的 gTHC 也會有不同；也就是說，Thetan Arena 當中不存在以單一角色，可以無限賺取 gTHC 的情況，除了使用英雄角色贏得比賽外，提升排名也能獲得 gTHC 和 PP 作為獎勵。

Thetan Arena 的 4 種不同遊戲模式

Thetan Arena 內有幾種不同的遊戲模式,令遊戲的玩法更多元化,目前遊戲內有四種模式:

一、Battle Royale

訣竅:熟習角色及技能

這是遊戲當中最基本的玩法,以生存戰形式,最後生存的隊伍獲勝。簡單直接而策略需求方面較低,反而是玩家要熟習自己的角色以及技能,例如不同技能的特質及弱點。

二、 Tower

訣竅:留意防守及注意「塔的生命值」

遊戲玩法是搶奪並守護電池,召喚機械人去摧毀敵方的塔。有趣的是,機械人會有約 28,000 的生命值,出現後其實可以攻擊,以陷阱技能封鎖行動等等,而遊戲最後的勝負,則由塔的生命值高低去決定的。

如果你的隊伍能夠每次都搶到電池，然後一口氣摧毀對方的塔，那當然是最好；但如果不幸被對方先召喚出機械人，也絕對不要放棄，而要想辦法阻止及破壞機械人，儘量阻止對方傷害自己的塔，只要在時限結束前，塔的生命值較對方的塔為高，一樣可以反敗為勝。

三、 Death Match

訣竅：留意計分時段，保留實力

透過消滅對方英雄得分，得到最多分數的一方獲勝。Death Match 每個回合分三個時段，擊殺對方的分數由 1 至 3，最後一個時段只要擊殺一個敵人，就可以得到 3 分，反之被殺就會扣 3 分。

遊戲中的技能都有冷卻期，如何在不同時段盡量搶分，或是在留待第三回合再全力進攻，在領先的時候再想辦法躲開對方的攻擊，避免一次被倒扣 3 分，同樣是重要的策略。

四、Superstar

訣竅：團體合作，組織隊友陣型

遊戲玩法是限時內搶奪最多星星的一方勝出，聽來簡單，但 Superstar 卻是筆者覺得最困難的遊戲。

遊戲中的星星一旦搶到，就會有約一分鐘的持有權，會不斷產生星星加分，除非你能擊殺持有人，再搶回星星。每個隊伍都有 4 個人，會由其他 3 個人幫忙搶星星及保護持有人。可想而知，隊友的水平在 Superstar 當中非常重要，難以完全靠個人技術勝出。

如果你有幸身處勁旅，那麼遊戲當然很簡單，可是如果你不幸身處較弱的隊伍，或隊友都是「豬隊友」，那麼整場遊戲都會非常吃力。

Thetan Arena 遊戲代幣：gTHG ╱ gTHC

Thetan Arena 有兩種遊戲代幣，分別 gTHG 及 gTHC

一、gTHG

整個遊戲內最有價值的代幣，總流通量 4 億 2 千萬個，主要透過特殊活動及錦標賽獲得，可以用來購買能抽到稀有英雄的寶箱，也能用來升級現有的英雄，和 Axie Infinity 的 AXS 代幣有點像。

二、gTHC

「Play-to-Earn」主要收益代幣，總流通量無上限，透過遊戲內一般戰鬥及任務獲得，獲取方式較 gTHG 容易不少，可以用來購買一般的英雄，和 Axie Infinity 的 SLP 代幣有點像。

III. Ember Sword：
日式 MMORPG 結合 NFT 道具機制

Ember Sword 是少數以日式風格為主打的區塊鏈 MMORPG 遊戲。Ember Sword 的世界中，玩家可以按個人喜好選擇玩遊戲的方式，不論想打怪戰鬥奪寶，抑或開採買賣資源都可以，而遊戲中的土地和裝備都可以作為 NFT 自由買賣。

Ember Sword 的背景設定

Ember Sword 的世界設定在 Moon of Thanabus，整個世界被區分為四個國家，分別是 Solarwood（樹林）、Duskeron（沙漠）、Sevrend（叢林）、Ediseau（凍土），亦透露了未來將會有國家之間的競爭。

每個國家內都分有三種地域：Kingship（王權）、Wilderness（荒野）、Outlaw（亡命之徒），玩家離開較安全的 Kingship，可以到 Wilderness 開始冒險，而 Outlaw 則最危險，是玩家之間可以互相廝殺、爭搶資源的地方。

Ember Sword 的玩法

　　剛踏入 Ember Sword 的遊戲世界時，你需要創建屬於你的人物角色，並且選擇自己屬於哪一個國籍。

　　進入遊戲世界後，你可以參與戰鬥─打怪物、攻略 Boss、玩家 PvP 戰鬥，來獲取獎勵和資源。Kingship、Wilderness、Outlaw 三個區域都可以供玩家 PvE，打怪物拾取獎勵，擊敗 Boss 可以獲得指定 NFT 卡片，這些卡片可以放到市場上交易。

Ember Sword 新手必做幾件事

　　Ember Sword 和普通的 MMORPG 遊戲玩法相似,新手開玩必做的事當然是打怪、練級、提升裝備。

一、升級裝備

　　玩家在 Ember Sword 沒有被限制只能使用一種武器,所以玩家可以隨便切換武器,武器使用頻率愈高,等級就會提升,武器等級提升可以解鎖新技能,增強戰鬥力。武器的種類也有很多,分為輕型、中型、重型,也有單手劍和雙手劍,重複使用某一種武器類型,也可以提升該項武器類型的等級。

二、與怪物戰鬥

提升武器等級的最好方式就是戰鬥。不過作為新手,戰力還很弱的時候,最好先在 Kingship 區域冒險,提升至足夠等級才到 Wilderness 區域,甚至區域冒險、域冒險,提升至足夠等級才到區域,甚至 Outlaw 區域冒險,免得等級太低被怪物或其他玩家秒殺。

三、提升角色及道具等級

打怪提升等級的同時,記得拾取怪物掉落的物品,提升自己的裝備。

Ember Sword 的 NFT 道具／資源介紹

Ember Sword 裡所有土地以及裝飾品都是 NFT。玩家可以在遊戲中獲取,或者在交易所買賣道具或收藏品 NFT;而土地 NFT 則可以在官網購買,不過暫時推出的所有預售土地已經出售完畢,買家可以等官方將來開放更多土地。

一、Ember Sword 的 NFT 土地

Thanabus 的土地以 Plot 為基礎單位,總共有 160,000Plots 的土地供應。Thanabus 內的四個國家中,官方暫時只宣布了 Solarwood 的土地可以被買賣,Solarwood 則總共由 40,000Plots 組成。

NFT 投資攻略

出售的土地 NFT 分為 4 種類型：普通土地（Plots）、定居點（Settlements）、城鎮（Towns）、城市（Cities）。

視乎你擁有的土地屬於哪一款，你可以在你的土地 NFT 上興建不同類型的建築物，進行經濟活動獲取利潤。

二、NFT 遊戲裝備

玩家可以通過打怪物，來免費獲取和收集遊戲裝備。玩家可裝備的部位包括：頭、身、手、腿部、靴和肩。玩家獲取遊戲物品 NFT 後，可以和遊戲內的玩家進行交易，也可以新增遊戲物品到 NFT 交易平台 OpenSea 進行買賣，將遊戲設備售賣給遊戲外的人。

而這些 NFT 收藏品會附有歷史紀錄，例如紀錄你的武器曾經殺過某些遊戲終局 Boss 或玩家，令你的藏品更具收藏價值。

三、NFT 收藏品

Ember Sword 每月會釋出全新的稀有 NFT 物品，例如皮膚、頭像、寵物、表情等等，這些收藏品不會對遊戲產生影響，即是不會令你在遊戲內的戰力更強大。但是收藏品數量有限，並且發布後不會再重新推出，以保障收藏品的稀缺性。這些收藏品可以通過 PvP 和 PvE 獲得。

Ember Sword 的代幣 Ember 介紹

Ember 幣是 Ember Sword 的遊戲代幣，為使用以太坊區塊鏈 ERC-20 標準推出的加密貨幣，也是 Ember Sword 世界的交易代幣，玩家可以用 Ember 幣來購買土地、收藏品、消耗品（例如改名券）和進行社群投票。Ember 幣可以向官方購買取得。Ember 幣目前的流通量為 5,000 萬枚。

預計開放公測日期

Ember Sword 預計於 2022 年內開放公測，並且保證購買了 Ember Sword 土地 NFT 的買家必定可以參與公測。遊戲首階段會開放的地圖只有 Solarwood 首都，而 Solarwood 餘下部分亦預計會在 2022 年內開放。其餘國家的地圖則計劃在 2023 年或以後釋出。

IV. Splinterlands 卡牌遊戲，
3 大類 NFT 教學攻略

GameFi 的遊戲種類繁多，甚至經典的卡牌遊戲也少不免在 GameFi 發展，以 NFT 的方式在電子世界延續經典和收藏卡牌的樂趣，讓玩家邊玩邊賺。

Splinterlands 的 NFT 機制如何運作？

Splinterlands 是建立在 Hive Blockchain 之上的卡牌對戰遊戲，與傳統卡牌遊戲的玩法類近，可想而知，這款卡牌遊戲的 Play to Earn 機制圍繞着卡牌設計，每一張卡牌都是 NFT，玩家可以在遊戲內的交易所或其他 NFT 交易平台買賣，增強實力和賺取加密貨幣。

Splinterlands 的世界觀

故事講述魔法大陸 Praetoia 由一個召喚師理事會控制着，以當地晶石 Splintershards（SPS）作為資金，建立了穩固的統治根基，一眾召喚師按照著偉大法師 Gariboleus the Old 的遺囑，慢慢了解到更多有關 Splinterlands 的秘密，並利用召喚師召喚怪物戰鬥，發揮整片魔法大陸的潛力。

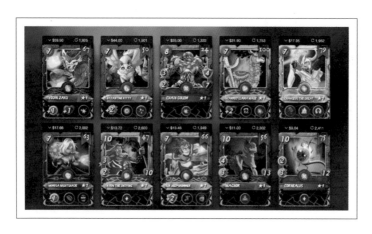

Splinterlands 的玩法：
每局 2 至 3 分鐘，快速互動

Splinterlands 相較大受全球玩家歡迎的《遊戲王》、《魔法風雲會》等卡牌遊戲，其實更像快速的策略遊戲。

Splinterlands 遊戲玩法每場對戰歷時只有大概 2 至 3 分鐘，而玩家無法使用同一副牌組過五關斬六仗，每次對戰都會加上不同的特定規則，只能夠使用特定屬性或能力的召喚師和怪獸，需要在比賽開始前預先制定策略。

Splinterlands 三大 NFT 類型

Splinterlands 的 NFT 全都是卡牌，主要分為兩大類，分別是召喚師和怪獸卡，而當中亦有分為不同等級。

一、召喚師 NFT

每場決鬥只會使用到一張召喚師的卡片，召喚師乃建構隊伍的重點。一如上文所提及，每名召喚師的屬性等級將大大影響可召喚的怪獸的能力，愈高級的召喚師就能夠召喚愈強大的怪獸。召喚師的選擇將大大影響怪獸的組合和能力。卡牌上張顯示召喚師的召喚代價數值（左上角的數字）、屬性、等級和獨特的技能。

二、怪獸 NFT

怪獸卡則是每場決鬥中的重要戰力，等級愈高將擁有愈強的攻擊力防禦力，速度和生命值。就如召喚師卡牌一樣，卡面上顯示怪獸的召喚代價數值（左上角的數字），屬性、等級和各種技能的數值。玩家可以透過融合怪獸卡提高其等級和能力值。較高等級的怪獸將會獲得獨特的技能，或有助改變隊伍的戰鬥能力。

三、金卡 NFT

金裝的卡牌較為罕有，不論能力值較普通怪獸卡更高，每一張金卡亦能獲取多 10% 的 DEC 獎勵。若卡組中擁有七張金卡，即可獲得額外 70% 的獎賞。金卡的價值比普通卡高，不論在交易所售賣或銷毀卡牌兌換 DEC 的價格都比普通的卡牌更高。

Splinterlands 代幣 SPS 幣／ DEC 幣

Splinterlands 沿用 GameFi 較常見的雙代幣機制，分別為 SPS 以及 DEC，兩者的作用並不相同。

Splintershards（SPS） 是 Splinterlands 剛 於 2021 年 中 在 Binance Smart Chain （BSC）發行的代幣，質押了 SPS 的投資者可在往後成為了 DAO 的 Splinterlands 投票，左右遊戲的發展方向。

SPS 的主要用途是代表了治理權。Splinterlands 正往 DAO 的方向發展，預計在 2022 年便會進行公測，並晉身成為完全去中心化的遊戲。

SPS 亦有一項獨特的質押功能，持有人可質押在某玩家身上，按照其戰績賺取收益。但當愈多的 SPS 質押在同一名玩家上，每枚 SPS 所獲得的獎勵將有所減少。此舉有助保持遊戲中的平衡，防止高等級玩家獨佔遊戲中資源。

SPS 的總量為 30 億枚，將會於 65 個月內派發完畢，即是 SPS 的供應會於 2026 年年底達到上限。

DEC 則是在 Hive Blockchain 上的 Splinterlands 中流通的貨幣，兩者之間將由質押了 SPS 的投資者選出數名適合的人士作為 Oracle 進行跨鏈傳輸，以確保 SPS 和 Splinterlands 的運作保持一致。

當中 4 億枚在發行首年向 Splinterlands NFT 和 DEC 擁有人作空投之用，以感謝他們對遊戲的支持；當中 10% 將用作設立 DAO；創作團隊和顧問將獲得 10% 的 SPS；2 億枚代幣則在早前的私人認購出售；30% 的代幣則用作玩家的獎勵；剩下的 9 億枚代幣則為質押和作為 Oracle 的獎勵。

SPS 幣檔案

釋出時間	2021 年中
團隊	Jesse Reich 和 Matthew Rosen
總量	3,000,000,000
代幣用途	治理權

7.4 虛擬土地怎麼買？
教你如何在 Sandbox、Decentraland 買地

　　最近元宇宙的概念爆紅，連帶這個「宇宙」內的虛擬土地也捲起了一波熱潮。現時兩個最大的虛擬土地平台分別是 The Sandbox 和 Decentraland，兩者的土地成交額均遠超其他平台。

　　虛擬土地的概念類似電子遊戲《Minecraft》、《動物森友會》、《模擬人生》等，不過結合了區塊鏈、加密貨幣和 VR 等技術，令虛擬土地變成可供買賣和投資的 NFT，擁有人可以建設和開發虛擬土地，令虛擬土地變得擁有升值潛能。

I. 市場追捧虛擬土地的原因

虛擬土地有價有市,為何一幅虛擬世界內的地皮可以價值幾百萬美元,而投資者又對虛擬土地趨之若鶩?

虛擬土地和普通電子遊戲最大的分別是,虛擬土地可以作真正的商業用途。虛擬世界的去中心化特性以及加密貨幣的應用,令土地持有人可以開發土地,技術上可以像現實世界一樣建設具有商場、美術館、遊樂場功能,等場所自行經營土地盈利,又或者租出土地給其他企業。

現時 Adidas 已經宣布會在 Sandbox 建立「adiVerse」,而 Nike 亦在 Roblox 上建設「Nikeland」3D 世界。與實體土地一樣,虛擬土地如能建立重要基建,將帶動周邊土地升值,虛擬土地平台內的土地數量是有限的,將來的土地數量不會增加,意味著愈早投資有潛力的虛擬土地,將來獲得的利益愈大。

II. Sandbox 購買虛擬土地教學

Sandbox 的虛擬土地可說是最具話題,最受公眾注視的 NFT 資產。從 2021 年開始,已有不少名人或是大財團購入 Sandbox 虛擬土地,最著名的包括香港地產集團新世界,以及新加坡歌手林俊杰。

第 1 步:設置 MetaMask 等錢包

創建一個 Sandbox 帳戶,並且綁定加密貨幣錢包到這個帳戶,Sandbox 可使用的錢包有 MetaMask、Bitski、Arkane 等。需要注意的是,一旦建立帳戶並綑綁錢包後,錢包設置將無法更改,因此需要小心操作。

　　在 Sandbox 上購買土地需要使用 SAND 幣（Sandbox 自家幣），以及需要 ETH 支付 Gas Fee。因此購買土地前需要準備足夠的加密貨幣，SAND 幣和 ETH 都可以從交易所購買，例如幣安 Binance。

第 2 步：於 Sandbox 地圖中買地

　　準備好 SAND 幣後，可以在 Sandbox 土地預售時，在 Sandbox 網站的地圖網頁買地。可用地會以灰色或黃色顯示，你可以從中選擇你希望購買的土地，而當你選擇一塊地或地產時，你可以看到該地的位置、價格、大小等資訊，選擇好想買的地後，就可以點擊「購買土地」。

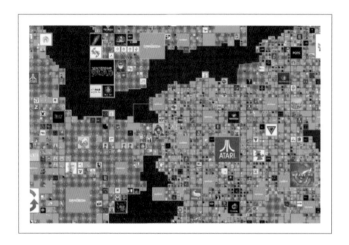

III. Decentraland 購買虛擬土地教學

Decentraland 的虛擬土地熱度並沒有 Sandbox 般高漲，但 Decentraland 一樣能購買土地。

第 1 步：註冊 Decentraland Marketplace
首先，所有用戶都必須前往 Decentraland Marketplace 註冊帳戶。

第 2 步：連結錢包到 Decentraland Marketplace
購買虛擬土地，並確保你的錢包已連接到 Decentraland Marketplace 帳戶，Decentraland Marketplace 可以連結到 Meta Mask、Trust Wallet 等錢包。當你成功購買虛擬土地，該土地會作為 NFT 發送到你已連結的錢包。

錢包需要有足夠的 MANA（Decentraland 自家幣）或以太幣（ETH）才能購買虛擬土地，也需要支付額外的 Gas Fee，所以買地前記得確保錢包有足夠的加密貨幣。

第 3 步：選擇希望購買的土地
登錄 Decentraland Marketplace 後，可以在「Parcels and Estates」上點擊「View All」，看到平台上可供購買的土地，點擊土地後可以看到該塊地的資訊，例如價格、可用性和持有者姓名。選擇你希望購買的土地，再點擊「購買」。

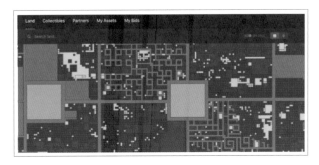

IV. 購買虛擬土地要注意的風險

一如購買不同的虛擬資產,購買 NFT 土地一樣極具風險。目前虛擬土地未能真正應用於日常生活,亦偶有傳出虛擬「有價無市」的狀況。因此如果有意投資虛擬土地,就要留意以各項風險。

一、建設經營土地未必盈利

目前虛擬土地的潮流仍然集中於資金流炒賣,真正的應用仍未成熟,虛擬土地的功用也並未普及,擁有人自行開發土地,是投資獲利方式的其中一種,但未必能帶來盈利,甚至無法吸引人流。

二、市場泡沫風險

虛擬土地價值被炒熱,出現許多高價成交交易,有指虛擬土地炒賣原因是市場熱錢太多,而且虛擬土地和實質土地不同,即使一個平台上的土地數量有限,還可以有其他平台出現,虛擬土地持有人手上的土地從性質上而言,是可被替代的。

例如 Sandbox 的土地炒賣到頂,就去炒賣 Decentraland 的虛擬土地,背後價值有可能被炒賣得過高。

三、元宇宙概念尚在探索中

虛擬土地伴隨元宇宙的概念興起,虛擬世界配合 AR 和 VR 技術可以誕生出一個新世界。但元宇宙的概念還在探索中,不同虛擬土地平台陸續冒起,投資者怎麼能確定自己投資的土地是未來趨勢所在的元宇宙,而非被過度炒熱的泡沫?

7.5 投資區塊鏈 NFT 遊戲的 4 大準則

區塊鏈遊戲是全球遊戲市場比較新的領域，當 GameFi 項目不斷湧現，標誌着未來遊戲市場趨勢。用戶宜善用不同數據分析工具，去 DYOR（Do Your Own Research），除了對遊戲具備一定了解外，也應了解 NFT 資產稀有度和市場熱度。

區塊鏈遊戲市場發展的趨勢，持續吸引投資者的觀察。各位投資區塊鏈遊戲時，可留意以下四個準則：

準則一：遊戲用戶的持續增長性

相較傳統遊戲，區塊鏈遊戲獨特之處是其 Play to Earn (P2E) 模式，能將虛擬世界中代幣收入轉化為現實世界中的金錢。遊戲代幣的經濟意義，特別是透過遊戲賺錢的利潤，將會逐漸成為遊戲用戶增長的重要指標。當區塊鏈遊戲於未來電競化，更有望催生出群帶經濟活動。

GameFi 生態講求良性互動，共生共贏。遊戲愈多人參與，愈能推動改良遊戲體驗；愈有趣的遊戲設計，愈能吸引更多遊戲用戶。

準則二：開發商及遊戲功能的擴展

GameFi 遊戲推出如雨後春筍，也有不少抄襲和山寨遊戲充斥市場，長遠將窒礙區塊鏈遊戲市場的發展。要從眾多遊戲出突圍而出，遊戲開發商必須不斷研發嶄新豐富的遊戲體驗，將遊戲 UX/UI 質素提升，方可以吸引玩家。

值得一提的是，市場最受歡迎的 NFT 遊戲都採用去中心化治理組織 (DAO)，強調持有治理代幣的玩家可以參與遊戲管理的投票決策。這操作能賦予玩家更多權力，同時意味遊戲開發商不再是「必贏莊家」，足以主宰一切最終決定權。為追上區塊鏈遊戲經濟體的新趨勢，成功遊戲開發商可以設計更吸引的遊戲功能，不斷革新錢包區塊鏈等基礎設施，與玩家分享遊戲財富。

準則三：NFT 資產的長遠市場憧憬

NFT 顛覆了傳統經濟交易活動模式，利潤不再被交易平台瓜分，而是真正屬於創造者。用戶可以將論文、藝術品，甚至任何有形無形、具有獨特特徵和稀缺性的東西貨幣化。NFT 遊戲資產能夠進一步擴大 NFT 的整體市場，因為玩家持有的遊戲資產可超越 NFT 的「收藏」價值，得以在遊戲中持續使用，並可通過玩家參與吸引更多人投入 NFT 市場。

準則四：各國政府對 GameFi 監管政策

目前 NFT 遊戲市場尚待發展，各置政府均未見有大力監管。大量投資者看準 NFT ／加密貨幣比傳統受監管的投資產品更具彈性、更多利潤的優勢，大舉湧入資金。區塊鏈遊戲以加密貨幣的形式運作，亦受惠於政策監管空白的紅利期。

不過，當 GameFi 市場形成規模，或者演變為洗錢渠道，勢必會引起監管機構警惕和進一步規管政策。假如政府開始着手研究將 GameFi 收益，納入稅收或限制市場遊戲開發商，這將會打擊 NFT 遊戲賺錢模式。

第八章

「NFT 未來大趨勢」

8.1 元宇宙與 NFT

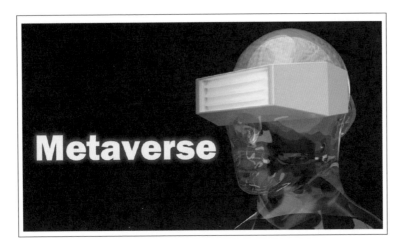

　　說起元宇宙這個概念的由來，其實已經有很多年的歷史，早在 1992 年由作家 Neal Stephenson 所書寫的科巧小說《雪崩》（Snow Crash）已經提到過，泛指由現實與虛擬混合而成的數位世界。

　　2021 年 10 月 28 日，Facebook 行政總裁朱伯格公司年度活動 Facebook Connect 宣布 Facebook 母公司將會改名為「Meta」，而且之後無論是 Facebook、Instagram 和 Whatspp 等旗下的社交媒體平台，都會撥入新公司 Meta 的旗下。這次的改名可以顯示出朱克伯格的野心和對元宇宙未來的信心，亦令普羅大眾對元宇宙這名詞不再陌生。

　　從字面意思來看，元宇宙的英文「Metaverse」可以拆分為兩部分，由「Meta」和「Verse」兩部分組成 。「Meta」有超越／後設的意思，而「Verse」就是宇宙的英文「Universe」的字尾，所以就有「超越宇宙」之意，是一個超越宇宙的新空間、新境界。

　　筆者會形容元宇宙是一個鏡像現實世界，有完善的虛擬社會，有各行各業的數位內容、遊戲和產品，讓用戶去體驗，他們也可以自由交易上面的虛擬物品，可以在上面購物，與其他人進行社交活動，享受娛樂等。

遊戲社群 Roblox：元宇宙重要推手

　　元宇宙概念的興起，也和 2021 年 3 月上市紐交所的 Roblox 有不少關係。在他們的招股書著就有提及元宇宙。

Roblox 是一個以遊戲為核心的社群平台，相比其他的遊戲，它非常注重社群互動，讓玩家自行創建虛擬世界和遊戲，是一個完全由用戶創造和主導的 3D 虛擬世界。在 2021 年 1 月，Roblox 達到了 1.99 億月活躍用戶的里程碑，Netflix 大熱劇集《魷魚遊戲》在全球爆紅後，Roblox 上也出現了由玩家自行還原的《魷魚遊戲》，還有幾個版本，在 YouTube 和其他社交平台的討論度也非常高，令 Roblox 遊戲的熱度歷久不衰。

元宇宙與區塊鏈：確保所有元素去中心化

元宇宙和區塊鏈息息相關，原因很簡單，在元宇宙裡必定有無數的虛擬物品和道具，如果這些道具都是由一個中心化機構或單一公司擁有全面的控制權的話，會非常危險，這類中心化機構也有機會濫用他們的權力。

I. NFT 如何影響元宇宙？

區塊鏈技術有開放、透明和去中心化的特性，配合 NFT 可以令元宇宙內的虛擬土地、遊戲道具或建築變成獨一無二，可以由用戶真正擁有。

通過 NFT，玩家可以在元宇宙參與遊戲中的金融經濟，並根據自己創造的價值獲得獎勵，這就是區塊鏈遊戲強調的核心理念──「Play to Earn」（邊玩邊賺）。邊玩邊賺的遊戲，在虛擬世界中具有公正的屬性。因為玩家完全擁有自己的資產，而不是像傳統遊戲那樣由單一的遊戲公司持有所有權。

NFT 投資攻略

元宇宙遊戲 vs NFT 遊戲

不是所有 NFT 遊戲都是元宇宙遊戲，但很多元宇宙遊戲裡面都會包含 NFT 的概念。

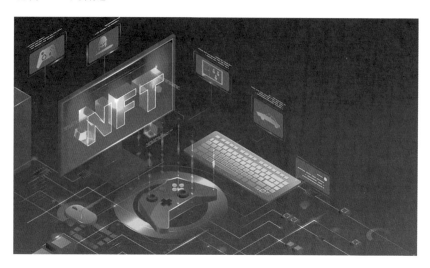

元宇宙遊戲著面有虛擬土地、寵物、商品等等，都可能需要用到 NFT，但正如我們之前所說的，元宇宙必須有一個完善的虛擬社會，一個完整的世界觀，所以不一定所有 NFT 遊戲都是元宇宙遊戲，而上一章曾介紹的遊戲，如 Axie Infinity、Sandbox、Decentraland、Dark Frontiers、My Neighbour Alice 及 Star Atlas 等，都是近期比較熱門，兼具元宇宙及 NFT 概念的遊戲。

在這些遊戲中，玩家可以自由地交易遊戲內的資產和數位房地產等等，讓虛擬世界內的資產可以帶有現實世界中的價值。

除了促進交易，NFT 背後的世界觀，也代表擁有者認同的價值觀。經典例子如 Bored Ape Yacht Club 和 CryptoPunks 等 NFT 頭像系列，天價的背後，其實亦藏著作者創作的理念，令擁有者在虛擬世界／元宇宙能結集志趣相近的夥伴，一同經營社群。

II. 元宇宙未來有望發展的新技術

為了追求更真實的虛擬世界，元宇宙概念將有望推動更多新技術的發展，以求用戶有更佳的體驗，目前比較可預期的技術當中包括以下各項：

新技術之一、更先進的 VR 技術

為了令用戶在元宇宙世界中有更沉浸的體驗，AR、VR 產業要有更輕便、更多功能的 VR 眼鏡外，AR、VR 產業都正在尋找更完整、更豐富及全方位的技術體驗。

現時的 VR ／ AR 都難以長時間體驗，否則將會令人非常疲倦，未來的元宇宙技術就必須解決此問題。

新技術之二、虛擬社群＆多人互動

虛擬社群和多人互動，是元宇宙體驗的一大重要元素。要如何做到多人同時連線又能夠實時活動，以及處理工作或生活中的問題，都是元宇宙將會推動發展的技術。元宇宙有望加速 5G 網路環境的發展，也有助推動人工智能和半導體產業。

新技術之三、更完體的模擬體驗

元宇宙技術容許你建立一個鏡像分身，虛擬世界著有接近現實世界的體驗，可預見就是現實世界有多複雜，元宇宙就應要有對應的技術。

除了 3D 的視覺體驗外，更多有關模擬味覺、觸覺、嗅覺等技術都有待發展，有關裝置的電力及安全問題，可能也是技術上需要解決的難題。

總結而言，元宇宙通過使用 NFT，貫通了虛擬世界與現實世界社交和金融的共融，並為人們提供了新的遊戲、互動和交易方式。

8.2 NFT 的未來
藝術創作新紀元？純粹泡沫？

當我們了解過當下最熱門的 NFT 話題及作品後，不論你有多認同本書提到關於 NFT 的理念，你可能還是不能排除以下這些疑問：到底 NFT 是泡沫嗎？我手上持有 NFT 的話，要趕快脫手嗎？

我們必須先承認，NFT 確實是非常嶄新的概念，由 2014 年首個被定義為 NFT 的資訊成功交易至今，其實也不足 10 年。一項發展不足 10 年的技術，必然會有眾多有待改善之處，亦有眾多可能性，NFT 能夠繼續演化的價值可能有以下數項：

一、更廣泛的日常生活應用

　　NFT 最核心的技術是簡單快捷的擁有權認證，如果能夠更佳以至更普及運用 NFT 技術，可以做到更充分的網絡持有權認證，相關技術不單可用於藝術品，甚至門票、線上文件、證書、財經及投資產品等等，都是有待開發的生活面向。

二、更豐富的網絡體驗

　　元宇宙的名字聽起來有點誇張，但我們可以簡單理解為網絡體驗的提升。目前人類使用網絡主要依靠視覺及聽覺，元宇宙與 VR 能再進一步提升此兩項之餘，再加上模擬觸感與方向感的完整實境。

　　NFT 物品如果與元宇宙結合，首先能夠提升 NFT 物品的形式，由平面圖案提升到立體，不論是 NFT 遊戲道具或是 NFT 藝術品而言，也將有更豐富的呈現模式。

三、更多樣化的購買途徑

　　目前 NFT 要發售的話多要選擇建立以太坊或 Solana 上的平台，因此購買途徑及貨幣亦主要以 ETH 及 SOL 為主，兩者之間因為區塊鏈帳本及共識機制不一，難以直接互通，這亦是不少 NFT 收藏者及買家遭遇到的交易難題。

　　隨著 NFT 的市場不斷壯大，更多區塊鏈也建立 NFT 機制及平台，而跨鏈技術亦日漸擴張。我們可以期待未來能使用更多樣的幣種去購買NFT，而不同鏈上的 NFT 亦或可能較低成本互通。

NFT 投資攻略

假設 NFT 真的是泡沫……

不過，如果 NFT 的價值真的只是泡沫，又會如何？

再次重申，這只是假設。我們假定目前市場上絕大多數的 NFT 都是泡沫，包括NFT 頭像、NFT 藝術、NFT 土地等等，只要「時機一到」，整個市場就崩塌，眾多幾百萬幾十萬的叫價就會化為烏有，你手上的 NFT，最後果然只是一張 PNG。

不過，即使如此，NFT 的技術真就的沒有任何意義了嗎？可能未必，至少 NFT 的確能夠確保及追溯線上資料的擁有權，能夠阻止珍貴而具價值的資訊被無成本盜用。如 NFT 門票，就確實能夠減少惡意炒賣的現象；而 NFT 遊戲，亦令玩家更有可能以遊戲道具獲取真實利益。

如果我們視 NFT 為一種投資，那世上沒有任何投資產品是只升不跌的，關鍵在於一旦熱潮冷卻，未來能否以更平穩的資金流東山再起。如果我們視 NFT 在 2021 至 2022 年的爆發為第一波，那麼待 NFT 及元宇宙技術更成熟，用戶更廣泛，未來的第二波或第三波爆發可能更值得期待。